Du bist liebenswert! Bedingungslos.

Renate Rohlf

Du bist liebenswert!
Bedingungslos.

Bibliografische Information der Deutschen Nationalbibliothek
Die Deutsche Nationalbibliothek verzeichnet diese Publikation
in der Deutschen Nationalbibliografie; detaillierte bibliografische
Daten sind im Internet über http://dnb.d-nb.de abrufbar.

© 2010 Renate Rohlf

Satz, Herstellung und Verlag:
Books on Demand GmbH, Norderstedt
Umschlagdesign: Oliver Sasse, Celle (www.studioolli.de)

ISBN 978-3-8391-5660-5

Inhalt

Das höchste Glück auf Erden
ist es zu lieben und geliebt
zu werden.

Renate Rohlf

Vorwort

Solange wir uns nicht selbst erkennen, leben wir wie ein Schlafwandler und haben nicht die geringste Vorstellung von unserem wahren Wesen und Potenzial.
Die Menschen schaffen sich oft selbst Probleme. Negative Erfahrungen wie Ärger, Leid, Disharmonie in Beziehungen und Krankheiten können durch falsche Ein- und Vorstellungen die Folge sein. Durch Selbsterkenntnis, ein neues Bewusstsein, Beachtung von Naturgesetzen und Denken mit Herz kann eine ausgeglichene Lebensführung erreicht werden.
Menschliches Bestreben könnte es sein, sich selbst und andere besser zu verstehen; mit Frieden und Liebe im Herzen, die zur Gewohnheit und Menschlichkeit zur Wende im Leben führen.
Möge dieses Buch ein Beitrag auf diesem, Ihrem Weg sein.

Ihre Renate Rohlf

Erkenne dich und dein Selbst

Es ist an der Zeit, unseren echten Wesenskern zu ent-
decken, unser höheres Selbst.

Du bist ein Teil der Schöpfung, ein Kind Gottes, der
Natur, der Allmacht, des Universums. Wähle deine
Form und Identität. Du bist geschaffen nach Gottes
Bild, so wie wir alle, mit dem göttlichen Funken in dei-
nem Herzen. Die universelle Energie, die alles lenkt
und leitet, bestimmt unser aller Leben, bedingungs-
los für immer und ewig. Du bist liebenswert, einfach
deshalb, weil es dich gibt. Deine Liebenswürdigkeit
ist nicht davon abhängig, wie du aussiehst, wie klug
oder wie talentiert du bist oder wie viel Geld du hast.
Die Liebe im Universum hat dich erschaffen; du bist
Liebe, und daher bist du liebenswert.

Wenn unser „Spiegel" all das ausgedrückt hätte,
dann würden wir in den Tiefen unseres Seins um
unsere Liebenswürdigkeit wissen. Aber stattdessen
schämen wir uns für uns selbst – für unsere Neugier,
unser Temperament, unsere Wünsche, Bedürfnisse,
Gefühle und unsere Sexualität.

Wir wurden beschimpft für den Versuch, uns glück-
lich zu machen, wenn das, was wir wollten, in Kon-
flikt stand mit dem, was unsere „Umgebung" wollte.
Wir wurden dafür beschimpft, wie wir waren. Also
nahmen wir diesen liebenswerten Wesenskern und

versteckten ihn. Statt seiner schufen wir ein falsches Selbst: das erwachsene Kind, das Ego. Wir hofften, es würde uns die Liebe und die Bestätigung bringen, nach der wir uns so verzweifelt sehnten. Wir verloren unsere Verbindung zu unserem Wesenskern und daher zu unserem höheren Selbst und zu Gott. Wir wurden verlorene Seelen, die verzweifelt versuchten, den „richtigen" Weg zu finden, um anerkannt zu werden. Wir müssen akzeptieren, dass wir geliebt und liebenswert auf die Welt kommen. Das ist unumgänglich, wenn wir für uns selbst zu einem liebevollen Menschen werden wollen. Wir können lernen, mit dem inneren Kind Kontakt aufzunehmen und ihm einen geschützten Raum zur Verfügung stellen, in dem es sich zeigen und liebevoll angenommen werden kann. Wenn es gesehen und angehört wird und damit zu seinem Recht kommt, braucht dieser Teil im Alltag kein Schattendasein mehr zu führen. Indem wir diesen Teil zu Wort kommen lassen, erfahren wir mehr Lebensfreude, Herzenswärme und Lebendigkeit. Du bist der beste Freund deines inneren Kindes.

Psalm 23

Der Herr ist mein Hirte, mir wird nichts mangeln.

Er weidet mich auf einer grünen Aue und führet mich zum frischen Wasser.

Er erquicket meine Seele. Er führet mich auf rechter Straße um seines Namens willen.

Und ob ich schon wanderte im finsteren Tal, fürchte ich kein Unglück; denn du bist bei mir, dein Stecken und Stab trösten mich.

Du bereitest vor mir einen Tisch im Angesicht meiner Feinde. Du salbest mein Haupt mit Öl und schenkest mir voll ein.

Gutes und Barmherzigkeit werden mir folgen ein Leben lang. Und ich werde bleiben im Hause des HERRN immerdar.

Du suchst das Geheimnis?

Du suchst das Geheimnis –
das Geheimnis bist du selbst.
Du suchst den Sinn deines Lebens –
der Sinn deines Lebens bist du selbst.
Du suchst Antworten auf deine Fragen –
du selbst bist die Antwort,
du selbst bist die Frage –
Du bist das zum Menschen gewordene
Geheimnis des Lebens.
Achte dieses Geheimnis, das du bist.
Liebe das Geheimnis, das du bist.
Geh achtsam mit diesem Geheimnis um.

Die Schöpfung verstehen ...

Das Wesen der Seele, unsere wesentliche Natur, verstehen, heißt fähig zu sein, die Natur der Schöpfung zu verstehen. Wer durch traditionelle Denkgewohnheiten gebunden ist, kann unmöglich die wahre Natur der Schöpfung verstehen. Wir sind in unserem Wesen mit der Natur der Schöpfung identisch. Deshalb besitzen wir alle schöpferischen Eigenschaften. Wenn wir erkennen, wer und was wir sind, können wir erfassen, was Schöpfung ist. Das sind das „seit Urzeiten verborgene Geheimnis" und die erfahrene Einsicht, wenn wir wahrhaft erleuchtet sind. Sobald die Intelligenz der Seele enthüllt ist, erkennen wir die Wahrheit über uns selbst, die Wahrheit über Gott und über die Natur der Welt.

„Ich bin lebenschenkender Geist. Ich bin mir meines wahren Wesens bewusst und fließe leicht mit der natürlichen Ordnung und mit Verstehen."

„*Auch du bist ein Schöpfer*"

Zeigt uns den Weg von einem nach außen zu einem nach innen gerichteten Bewusstsein.

Es ist so wichtig, dass wir uns nicht mehr so sehr von außen beeindrucken lassen, sondern es lernen, uns von innen, von unserem tiefsten, liebevollen, göttlichen Wesen leiten und formen lassen.

Oft glauben Menschen, die Liebe sei für sie keine Aufgabe (mehr), denn viele Male hatte sie ihnen schon geholfen. Aber heute ist es gewiss:
Lieben kann man nie genug üben. Es tut so gut, zu lieben und geliebt zu werden, denn
       „Liebe ist Allmacht".
Und nur wer liebt, der lebt auch wirklich.
Und nur wer liebt, bewegt die Welt.
Liebe ist Allmacht und Allmacht liebt UNS!

ICH BIN ...

Das sind die beiden wichtigsten Worte, die unser Leben prägen: „Ich bin geliebt. Ich bin gewollt. Ich bin wichtig. Ich bin ein Kind Gottes." Erkenne, worin wahre Selbstliebe besteht! Lasse dich motivieren und entdecke, was Gott alles für dich vorbereitet hat! Gott lebt, ob wir an ihn glauben oder nicht. Gott liebt uns, ob wir uns lieben oder nicht. Du kannst dich freuen und dich selbst auch lieben, denn Gott liebt dich! Wenn du für den Rest deines Lebens auf das „Flüstern" (deine innere Stimme) Gottes hörst und ihm folgst, wird Gottes Gunst sich auf dein Leben auswirken und dir folgen, dein Leben lang. Eine echte Wiedergeburt deines Selbstbewusstseins wartet auf dich. Wenn das geschieht, dann wirst du zu einem Menschen, der:

- nicht verspannt ist, sondern gelassen,
- nicht unsicher ist, sondern selbstbewusst,
- nicht ängstlich ist, sondern mutig,
- nicht gelangweilt ist, sondern begeistert,
- nicht erfolglos ist, sondern erfolgreich,
- nicht müde ist, sondern energiegeladen,
- nicht streitsüchtig ist, sondern liebenswert,
- nicht abwertend ist, sondern aufbauend,
- sich nicht selbst verurteilt, sondern sich selbst vergibt,
- sich nicht selbst verachtet, sondern sich selbst achtet.

SEI DU SELBST!

Du bist du und ich bin ich.

Die Natur will, dass jedes Wesen seine Eigenart bewahrt und entfaltet. Sie fordert von jedem von uns: Sei du selbst!

Auf das Selbstsein kommt alles an. Was ich tun muss und sein soll, kümmert mich allein, nicht, was die Leute meinen und in mir sehen. Eben diese Haltung unterscheidet die Großen vom Mittelmaß und der Niedrigkeit. Das Selbstsein ist oft schwieriger, weil die Umwelt meint, sie wüsste besser, was du zu sein und zu tun verpflichtet bist, als du selbst. Gewiss ist es leichter, in der Welt nach der Meinung und den Wünschen der Welt zu leben. Aber der große Mensch ist der, der mitten im Gewühl der Menge gelassen seine innere Unabhängigkeit bewahrt und seine Ideale dort, wo er steht, verwirklicht. Wer sich nach anderen richtet, zersplittert und zerstreut seine Kräfte und verwischt seinen Charakter. Obwohl diese Tatsache offen zutage liegt, lassen sich die meisten Menschen die Augen verbinden und treten in die eine oder andere Meinungsgemeinde ein, wodurch sie von sich selbst abkommen und sich selbst verfälschen oder entwerten.

Was ich tun muss, geht nur mich an. Andere haben mir da nichts zu sagen.

Diese Regel bildet den wesentlichen Unterschied zwischen höheren und niederen Menschen. Sie ist umso schwieriger zu befolgen, weil es immer Leute gibt, die meinen, sie wüssten besser, was du zu tun hast, als du selbst.

Es ist leicht, nach der Meinung solcher Leute zu leben, leicht auch, in der Einsamkeit nach der eigenen Meinung zu leben. Aber groß ist nur, wer mitten im Menschengewühl mit vollendeter Liebenswürdigkeit die Unabhängigkeit eines Einsiedlers zu wahren weiß.

Ich will SEIN

Ich will nicht mehr die starre Maske tragen
und nicht verloren gehen
in einer Welt aus Stein.
Ich will mich öffnen,
allen meine Wünsche sagen,
und ich will lieben, warm und weich,
und ich will zärtlich sein.
Mein ganzes Leben war,
wie andere mich sehen sollten,
Ich habe nie aus meinem eigenen Herzen
gefühlt. Am Weltspiel nahm ich teil,
wie andere es wollten.
Mein eigenes Lebensspiel
habe ich noch nicht gespielt.
So habe ich jetzt, beglückt,
mir selbst mich hingegeben und
ein Gefühl für mich allein entdeckt.
Ich will die eigene Tiefe
aus mir selbst erleben.
Ich will, ich fühl, ich bin.
So habe ich mich selbst erweckt.

Ich tue das Meine

Ich tue das Meine,

du tust das Deine,

ich lebe nicht auf dieser Welt,

um deinen Erwartungen zu entsprechen,

und du bist nicht auf dieser Welt,

um die meinen zu erfüllen.

Du bist du,

und ich bin ich,

und wenn wir uns begegnen sollten,

ist das wunderschön,

wenn nicht, lässt es sich nicht ändern.

Einsamkeit

Nur wer sie kennt, die Einsamkeit,
der weiß Bescheid, wie sie brennt,
in Brust und Kehle
wie Nadeln auf der Seele.

Nur wer sie erlebte, die Einsamkeit,
nur wer selber schwebte
zwischen Hülle und Endlichkeit,
nur der allein kann ermessen,
wie Einsame ihre Seele fressen.

Und der, der sie durchlitt,
tat irgendwann den ersten Schritt,
der endlich weinte in der Not,
der seiner Seele gab ihr Brot.

Nur der, der in Einsamkeit wandeln lernte
und reich an Erfahrung wurde,
der erfährt die schönste Ernte.
Wenn er horcht in sich hinein und erkennt,
dass er nie einsam ist und nie allein.

Freude ist euer Teil!

Die Zukunft ist nicht eure Sache, sondern ausschließlich meine.

Die Vergangenheit habt ihr in meine Hände zurückgelegt und habt nun kein Recht mehr, darüber zu grübeln.

Nur die Gegenwart ist meine Gabe für euch, und davon auch jeweils nur ein Tag nach dem andern.

Wenn ihr aber in diesen einzigen Tag den ganzen Kummer, Verdruss und die Enttäuschungen vergangener Jahre und dazu noch die möglichen Sorgen der Jahre, welche euch vielleicht noch hier auf Erden gewährt werden, hineinpresst … Welches Gehirn und welcher Geist könnten die Spannung aushalten?

Hierfür habe ich euch niemals meinen Geist, meinen Trost und meine Hilfe versprochen.

„Ich rufe euch."

Gott sei Dank! Heilung von ...

Menschen schaffen sich oft selbst Probleme.
Negative Erfahrungen wie Ärger, Streit, Leid und Krankheiten können aufgrund falscher Ein- und Vorstellungen die Folge sein. Unsere Energie ist dann nicht mehr im Gleichgewicht. Die Kosmologie sieht Körper, Geist und Seele als eine Einheit. Sie besagt, dass der Mensch von inneren Kräften bestimmt wird. Durch Selbsterkenntnis, ein neues Bewusstsein, Beachtung von Naturgesetzen und Denken mit Herz kann eine ausgeglichene Lebensführung erreicht werden. Neue positive, sinnvolle und aufbauende Denkmuster sollten aktiviert und zu Fähigkeiten entwickelt werden. Wenn die Kräfte nicht ausgeglichen sind, können Disharmonien durch Aktivierung der Selbstheilungskräfte aufgelöst werden und zur Selbstheilung führen.

Menschliches Bestreben könnte es sein, sich selbst und andere besser zu verstehen, mit Frieden und Liebe im Herzen, die zur Gewohnheit und Menschlichkeit zur Wende im Leben führen.

Wenn ihr nicht verstanden werdet!

Harret mein! Bleibt ausharren, bis meine Stärke euer Wesen ganz erfüllt hat; dann seid ihr nicht länger schwach, unbedeutend, „missverstanden".

Erhebt euch so hoch über alles Kleinliche, dass es euch nicht berühren kann, wie andere über euch urteilen.

Überlasst die Erklärung dessen, was ich von euch und von eurer Tätigkeit erwarte, nur getrost mir allein.

Würdet ihr begehren einem, Christus zu folgen, der seine Gottesmacht mit fruchtlosen Rechtfertigungsversuchen vergeudet hat?

Auch ihr braucht das nicht zu tun. Überlasst es ruhig mir, euch zu rechtfertigen und euer Fürsprecher zu sein, oder vertraut meinem Schweigen in diesem wie in allen andern Fällen.

„Ich rufe euch noch einmal."

Liebe die ganze Menschheit

Hilf allen Lebewesen.
Sei glücklich. Sei höflich.
Sei eine Quelle unerschöpflicher Freude.
Erkenne Gott und das Gute in jedem Gesicht.
Kein Heiliger ist ohne Vergangenheit,
kein Sünder ohne Zukunft.
Sprich Gutes über jeden.
Kannst du für jemand kein Lob finden,
so lasse ihn aus deinem Leben gehen.
Sei originell. Sei erfinderisch.
Sei mutig – schöpfe Mut,
immer und immer wieder.
Ahme nicht nach. Sei stark. Sei aufrichtig.
Stütze dich nicht auf die Krücken anderer.
Denke mit deinem eigenen Kopf.
Sei du selbst.
Alle Vollkommenheit und Tugend Gottes
sind in dir verborgen – offenbare sie.
Auch Weisheit ist bereits in dir –
schenke sie der Welt.
Lasse zu, dass die Gnade Gottes
dich frei macht.
Lasse dein Leben das einer Rose sein –
schweigend spricht sie die Sprache des Duftes.

Von guten Mächten
wunderbar geborgen,
erwarte stets getrost,
was kommen mag.
Gott ist mit dir
am Tage
und
bei Nacht
und
ganz gewiss
an jedem
neuen Tag.

DER ALTE BRUNNEN

Der alte Brunnen spendet leise
sein Wasser täglich gleicherweise.
Ich möchte diesem Brunnen gleichen,
was in mir ist, stets weiterreichen.

Doch geben, geben alle Tage,
sag Brunnen, wird das nicht zur Plage?
Da sagt er mir als Jochgeselle:
„Ich bin ja Brunnen nur – nicht Quelle:
mir fließt es zu – ich geb es weiter."

So leb ich nach des Brunnens Weise,
schöpf` täglich Kraft zur Lebensreise
und will – beglückt – stets weitergeben,
was mir die Quelle schenkt zum Leben.

Sieg!!!

Wie oft schon hörte ich dich sagen,
du würdest große Dinge wagen.

Wann glaubst du, kommt der große Tag,
da endet alle Müh und Plag,
da du zu großen Taten schreitest
und da du selbst dein Schicksal leitest?

Und wieder ging ein Jahr vorbei,
doch nie warst du, mein Freund, dabei,
wenn's galt, nun endlich zuzugreifen,
damit auch deine Früchte reifen!

Woran es liegt? Erklär es nur!
Du hattest Pech? Ach, keine Spur!
Wie immer, einzig und allein,
lag's nur an dir, an dir allein.

Schau nur auf deine Hände bloß –
sie liegen schlaff in deinem Schoß.
Statt endlich, endlich doch zu handeln
und alles in dir umzuwandeln.

Die wichtigste Stunde
in deinem Leben
ist die gegenwärtige.

Der wichtigste Mensch
ist der, mit dem du es
gerade zu tun hast.

Und das wichtigste
Werk im Leben
ist die Liebe.

Mein schönstes Gedicht:
Guter Rat

Klar den Blick auf allen Wegen
und das Herz voll Sonnenschein.
Fleißig stets die Hände regen,
schwachen Freund und Helfer sein.

Rechtes Maß in allen Dingen,
auch im Glück das Leid noch sehn.
Treu sein und nach Wahrheit ringen,
mit der Tat zum Worte stehn.

Frohes Lied an trüben Tagen
gibt der Seele Kraft und Mut.
Hilft dir vieles leichter tragen,
und am Schluss wird alles gut.

Deinen größten Feind trägst du in dir selbst

Deine wahren Feinde sind deine ängstlichen, selbstabwertenden und entmutigenden Gedanken.

Diese Gedanken lassen dein Leben kalt, feindlich und hoffnungslos erscheinen.

Die Welt und die Menschen werden dir in einem neuen Licht erscheinen, wenn du deine Sichtweise änderst.

Statt zum Beispiel bei dir und anderen nach Fehlern und Schwächen zu suchen, bemühe dich, die Stärken und positiven Seiten zu sehen. **Du erlebst, was du denkst.**

Konzentriere dich auf deine Stärken und vernachlässige deine Schwächen.

Der ständige Blick auf deine Fehler und Schwächen verstellt dir den Blick auf deine Stärken. Statt diese Schwächen zu bekämpfen und sie ausmerzen zu wollen, ist es besser und einfacher, wenn du dich auf deine Stärken konzentrierst und diese ausbaust. Je mehr du dich auf deine Fähigkeiten und Talente konzentrierst, umso mehr Selbstvertrauen bekommst du und umso unwichtiger werden deine Schwächen.

Stark sein im Schmerz

Stark sein im Schmerz: Wünschen, was erreichbar und wertvoll ist; zufrieden sein mit dem Tag, wie er kommt, und in allem das Gute suchen. Freude an der Natur und an den Menschen haben und sie nehmen, wie sie sind. Sich für tausend bittere Stunden trösten, mit einer einzigen, die schön ist. Mit Herz und Können immer sein Bestes geben, auch wenn es keinen Dank erfährt.

Wer das lernt und kann, ist ein Glücklicher, Freier und Stolzer, und immer schön wird sein Leben sein. Wer misstrauisch ist, begeht ein Unrecht gegen andere und schädigt sich selbst. Wir haben die Pflicht, jeden Menschen für gut zu halten, solange er uns nicht das Gegenteil beweist. Die Welt ist so groß, und wir Menschen sind so klein: Da kann sich doch nicht alles um uns allein drehen. Wenn uns was schadet, was wehe tut, wer kann wissen, ob das nicht notwendig ist zum Nutzen der ganzen Schöpfung? In jedem Ding der Welt, ob es tot ist oder atmet, lebt der große, weise Wille des allmächtigen und allwissenden Schöpfers; uns kleinen Menschen fehlt nur der Verstand, um ihn zu begreifen. Wie alles ist, so muss es sein in der Welt, und wie es auch immer sein mag, immer ist es gut im Sinne des Schöpfers.

Ich nehme mir heute vor:

→ so stark zu sein, dass nichts meinen Seelenfrieden stören kann,

→ mit jedem, den ich treffe, über Gesundheit, Glück und Wohlstand zu sprechen,

→ die positive Seite aller Dinge zu sehen und optimistisch zu sein,

→ nur an das Beste zu denken, nur für den Besten zu arbeiten und nur das Beste zu erwarten,

→ sich genauso über die Erfolge anderer zu freuen, wie ich mich über meine eigenen freue,

→ Fehler der Vergangenheit zu vergessen und den höheren Zielen der Zukunft zuzustreben,

→ immer guter Laune zu sein und jeder lebenden Kreatur, der ich begegne, ein Lächeln zu schenken,

→ so viel Zeit darauf zu verwenden, mich selbst zu verbessern, dass ich keine Zeit dazu habe, andere zu kritisieren,

→ zu groß für Sorge, zu edel für Ärger, zu stark für Furcht zu sein und zu glücklich, um Schwierigkeiten in meiner Gegenwart zu dulden.

Vertrag mit mir SELBST!

Ich bin stolz

Denn ich habe mich auch heute wieder für
meinen persönlichen Erfolg entschieden.
Erfolg oder Misserfolg hängt nur von meiner
persönlichen Einstellung ab.
Deshalb fängt der Erfolgreiche da an, wo der
Erfolglose aufhört.
Da es ein Gesetz der quälenden Gedanken
gibt, steigere ich täglich meinen Drang nach
dem, was ich erreichen will.
Wünsche dein Leben oder lebe deine Wünsche.
Was soll ich acht Stunden am Tag körperlich
arbeiten, wenn ich vier Stunden denken kann.
Erfolg ist, Wissen haben, System haben,
gezieltes Handeln und Tun.
Alles was mit weil, wenn oder aber anfängt,
sind Ausreden, das Leben wird immer so
weitergehen, wenn ich nichts ändere.

Ich weiß, was ich wert bin, deshalb werde
ich eisern und zäh mein Ziel verfolgen, ganz
gleich, was andere Menschen denken,
sagen oder tun.
Dieses Vorhaben werde ich ungeachtet
irgendwelcher Umstände auch
gezielt durchführen
und tun,
so wahr ich
_____ heiße!

Ort   Datum   Unterschrift

HEUTE

… haben wir mehr Geld, aber genießen das Leben weniger.

Wir haben mehr Wissen, aber weniger Klarheit.

Wir haben mehr Medizin, aber weniger Gesundheit.

Wir reden viel, aber lieben wenig.

Wir erobern das Universum, aber kennen uns selbst nicht.

Wir erreichen den Mond, aber nicht unseren Nachbarn.

Wir haben ein höheres Einkommen, aber geringeres Auskommen.

Wir essen zuviel und ernähren uns zu wenig.

Wir haben mehr Freiheit, aber weniger Freude.

Wir haben schönere Häuser, aber ein zerrüttetes Zuhause.

Es wird Zeit, dass wir aufwachen und wirklich LEBEN

Dass wir nicht einer Tätigkeit nachgehen, sondern unserer Berufung folgen.

Dass wir nicht mehr nur überleben, sondern den „Weg der Freude" gehen.

Dass wir nicht mehr sagen „irgendwann" und „eines Tages", sondern JETZT!!!

Dass wir endlich das tun, was wir schon immer mal wollten.

Dass wir unserem Partner und unseren Freunden sagen, wie sehr wir sie lieben – und es nicht nur denken.

Dass wir keine Freude und kein Lachen mehr verschieben.

Dass wir jeden Augenblick auskosten, als sei es unser letzter.

Dass wir nicht mehr zu beschäftigt sind, um zu leben.

Dieser Augenblick ist nur für dich da.

Er wartet darauf, dass du ihn liebst, genießt und erfüllst.

Dieser Augenblick ist eine einmalige Chance, wirklich zu leben.

… wenn du nicht gerade etwas anderes zu tun hast!!!

Ich bin dankbar …

Ich bin dankbar für mein Leben und meine Gesundheit.

Ich bin dankbar für meine Familie und meine Freunde.

Ich bin dankbar, dass ich seit über 50 Jahren in Frieden und Freiheit leben darf.

Ich bin dankbar, dass die Regeln so einfach sind, die mich ruhig leben und schlafen lassen.

Ich bin dankbar, dass nicht Geld, sondern meine Erfahrungen, meine Fähigkeiten und meine ethische Einstellung die Grundlage für mein Vertrauen in die Zukunft sind.

Ich bin dankbar, dass in mir selbst die Quelle für inneren Frieden, Glück und Harmonie liegt.

Ich bin dankbar, dass unsere Generationen die Chance haben zu erleben, dass wir uns eine friedvolle Gemeinschaft, ein Miteinander in Würde und Menschlichkeit schaffen.

Ich bin dankbar, dass es an mir selbst liegt, ob ich Anzeichen dafür suche, dass es bergauf oder bergab geht.

Ich bin dankbar, dass auf der ganzen Welt, in immer mehr Ländern, in immer mehr Religionen der Ruf nach einem friedvollen Zusammen immer stärker wird und immer mehr Menschen erkennen, dass wir eine große Familie sind. Wir haben uns bereits Voraussetzungen geschaffen, global zu denken und zu handeln.

Ich bin dankbar, Bestätigungen dafür zu finden, dass uns allen eine traumhafte Zukunft bevorsteht, wenn wir bereit sind, dankbar für das zu sein, was wir sind und haben und das Beste daraus zu machen.

KRAFT

macht keinen

LÄRM.

Sie ist da und
wir spüren, wie sie

WIRKT.

Jesus
spricht:

Ich bin

das Licht

der Welt.

Wer mir

nachfolgt,

der wird nicht

wandeln

in der

Finsternis.

Johannes 8,12

Lass sie reden …

Hör nicht hin, was andre sagen,
(meistens ist das nur gemein!)
alle großen Lebensfragen,
die entscheide ganz allein!

Lass sie nur gemeinsam hecheln,
geh, dass du nicht Zeit versäumst,
und bewahre dir ein Lächeln,
wenn du dir das Glück erträumst!

Sind's geschäftlich neue Pläne,
weihe keinen andern ein,
geht es schief, dann lassen jene
„Freunde" dich sofort allein!

Komm zu Gott mit allen Fragen,
der im Herzen, kaum bewusst
in dir lebt, er wird dir sagen,
wie du sein und handeln musst!!!

Zufriedenheit

Was frag ich viel nach Geld und Gut,

wenn ich zufrieden bin.

Gibt Gott mir nur gesundes Blut,

so hab ich frohen Sinn

und

sing aus dankbarem Gemüt

mein Morgen- und mein Abendlied.

Freut euch des Lebens!

Freut euch des Lebens,

weil noch das Lämpchen glüht,

pflücket die Rose, eh sie verblüht,

Man schafft so gern sich Sorg und Müh,

sucht Dornen auf und findet sie,

und lässt das Veilchen unbemerkt,

das uns am Wege blüht.

Freut euch des Lebens,

weil noch das Lämpchen glüht,

pflücktet die Rose,

eh sie verblüht!

Loslassen!

Die meisten Menschen schleppen aus der Vergangenheit eine große Last mit sich herum, bestehend aus dem Grübeln über Ereignisse und Personen der zurückliegenden Jahre, mit denen man in Fehde lag und liegt. Diesen Ballast abzubauen dient folgende Übung.

Man setze sich entspannt hin, schließe die Augen und lasse vor dem inneren Auge vergangene Situationen auftauchen, von denen man der Meinung ist, es wäre besser gewesen, diese Situationen nicht erlebt zu haben. Diese „negativen" Situationen des Schicksals schaue man sich samt den Personen an, von denen man glaubt, sie hätten einem Unrecht getan und es wäre besser gewesen, man wäre ihnen niemals begegnet. Während man eine solches Ereignis und die dazugehörenden Menschen innerlich wieder betrachtet, mache man sich bewusst, dass all dies eine gesetzmäßige Stufe auf dem ganz persönlichen Schicksalsweg war und man ohne dieses Ereignis heute nicht da wäre, wo man ist.

Man versuche, die Sinnhaftigkeit des Geschehens zu begreifen, um so langsam dafür dankbar zu werden, dass alles so war, wie es war.

Erst wenn es gelingt, von innen heraus dem Ereignis und den beteiligten Personen zuzulächeln und ihnen zu danken, dass sie bereit waren, bei der Schicksalsverwirklichung mitzuhelfen, erst dann gehe man auf ein weiteres Ereignis über, um damit ebenso zu verfahren.

Die einzelnen Ereignisse lasse man einfach von selbst aufsteigen, man braucht nicht mit dem Intellekt danach zu suchen. Man nehme auch alle Ereignisse an, die sich bei den Gedanken „Ereignisse, mit denen ich auf Kriegsfuß stehe" auftauchen, ohne etwas zurückzudrängen, weil man glaubt, „damit doch schon längst ausgesöhnt zu sein".

Man braucht diese Übung, die anfänglich manchem recht schwerfallen mag, nur immer zu wiederholen, um selbst zu erleben, dass etwas in einem leichter wird, dass ein innerlicher Druck verschwindet. Solange man sich nämlich mit aller Kraft gegen eine Wand stemmt, spürt man, wie die Wand mit gleicher Intensität zurückdrückt.

Verstärkt man den eigenen Druck, drückt auch die Wand stärker.

Die Lösung besteht darin, die Hände von der Wand wegzunehmen.

Der Druck der Wand wird dann ganz von selbst verschwinden. Der Vergleich mag banal klingen, und dennoch stehen fast alle Menschen an irgendeiner Wand, drücken mit allen Kräften und beschweren sich gleichzeitig lautstark über den Druck der Wand.

Eigene Widerstände aufzugeben, ist theoretisch so einfach, fällt aber dem Menschen unglaublich schwer.

Doch Tatsache ist: Druck erzeugt Gegendruck.

Lieber loslassen!!!

Gott, gib mir die
Gelassenheit,
Dinge hinzunehmen,
die ich nicht ändern
kann,
den Mut, alles zu
ändern,
was ich ändern kann,
und die Weisheit,
das eine vom anderen
zu unterscheiden.

Es gibt nur eine Großmacht auf Erden – das ist die Liebe!

Pflicht ohne Liebe macht verdrießlich.
Verantwortung ohne Liebe macht
rücksichtslos.
Gerechtigkeit ohne Liebe macht hart.
Wahrheit ohne Liebe macht kritisch.
Erziehung ohne Liebe macht
widerspruchsvoll.
Klugheit ohne Liebe macht gerissen.
Freundlichkeit ohne Liebe macht
heuchlerisch.
Ordnung ohne Liebe macht kleinlich.
Sachkenntnis ohne Liebe macht
rechthaberisch.
Macht ohne Liebe macht gewalttätig.
Ehre ohne Liebe macht hochmütig.
Besitz ohne Liebe macht geizig.
Glaube ohne Liebe macht fanatisch.
Wehe denen, die an der Liebe geizen;
sie tragen Schuld daran, dass die Welt
schließlich an Selbstvergiftung zugrunde geht.
Was lebst du, wenn du nicht lieben kannst?

Die Waage in uns

Brunnen des Kummers
ist längst versiegt
war zu viel Leid
gab nichts mehr her –
Brunnen des Glückes
ist unerschöpflich
Bäche um Bäche
wo soll das hin?
Erst wenn auch dieser
sich sanft zurückhält
bist du so weit
und die Waage steht still
bindet dir Lächeln
auf deine Lippen
zaubert dir Wissen
in deinen Blick
gehst du –
unendlich sicheren Schrittes
den Meistern
entgegen –
Maria Hebestreit

Ein bisschen mehr Frieden
und weniger Streit,
etwas mehr Güte
und weniger Neid,
auch viel mehr Wahrheit
immerdar;
und viel mehr Hilfe,
nicht nur bei Gefahr,
ein bisschen mehr „wir"
und weniger „ich",
ein bisschen mehr Kraft,
und nicht so zimperlich.
Und viel mehr Blumen
während des Lebens,
denn auf den Gräbern
sind sie vergebens.

Überlass es der Zeit!

Erscheint dir etwas unerhört,

bist du tiefsten Herzens empört,

reg dich nicht auf,

versuch's nicht mit Streit,

berühr es nicht, überlass es der Zeit.

Am ersten Tag wirst du feige dich schelten,

am zweiten Tag lässt du dein Schweigen
schon gelten,

am dritten Tag hast du's überwunden;

alles ist wichtig nur für Stunden,

Ärger ist Zehrer und Lebensvergifter,

Zeit ist Balsam und Friedensstifter.

Liebender Zuruf

Deine stillen Tränen,
dein verschwiegener Mund,
sprechen eine Sprache,
die keinem Ohr wird kund.
Doch eines – das sei dir gewiss,
du wirst unendlich geliebt,
auch wenn du's vergisst.
Du bist ein Schöpfer-Kind.
Er weiß, was dich bedrückt
und deine Probleme sind,
auch was dir fehlt zum Glück.
Er gibt dir Hoffnung, Glaube, Liebe,
damit sie in dir lebe, nur die Liebe.

Der OPTIMIST

Ein Mensch, der äußre Schätze sucht,
hat seine Mühen oft verflucht.
Er müht und plagt sich täglich mehr,
bleibt doch in seinem Innern leer!
Je mehr er hat, je mehr er will – nie
schweigen seine Wünsche still!
Ganz anders denkt der OPTIMIST:
er spürt, dass ALLES IN IHM ist!

Licht und Freude

Möge dann und wann
deine Seele aufleuchten
im Festkleid der Freude.

Möge dann und wann
deine Last leicht werden
und dein Schritt beschwingt
wie im Tanz.

Möge dann und wann
ein Licht aufsteigen
vom Grunde deines Herzens
das Leben zu grüßen,
wie die Amsel den Morgen.

Möge dann und wann
der Himmel über deine Schwelle
treten.

Ich wünsche dir Zeit

Ich wünsche dir nicht alle möglichen Gaben.
Ich wünsche dir nur, was die meisten nicht haben:
Ich wünsche dir Zeit, dich zu freun und zu lachen,
und wenn du sie nützt, kannst du etwas draus machen.

Ich wünsche dir Zeit für dein Tun und dein Denken,
nicht nur für dich selbst, sondern auch zum Verschenken.
Ich wünsche dir Zeit – nicht zum Hasten und Rennen,
sondern die Zeit zum Zufriedenseinkönnen.

Ich wünsche dir Zeit – nicht nur so zum Vertreiben.
Ich wünsche, sie möge dir übrigbleiben
als Zeit für das Staunen und Zeit für Vertraun,
anstatt nach der Zeit auf der Uhr nur zu schaun.

Ich wünsche dir Zeit, nach den Sternen zu greifen,
und Zeit, um zu wachsen, dass heißt, um zu reifen.
Ich wünsche dir Zeit, neu zu hoffen, zu lieben.
Es hat keinen Sinn, diese Zeit zu verschieben.

Ich wünsche dir Zeit, zu dir selber zu finden,
jeden Tag, jede Stunde als Glück zu empfinden.
Ich wünsche dir Zeit, auch um Schuld zu vergeben.
Ich wünsche dir: Zeit zu haben zum Leben!

Von Elli Michler, Don Bosco-Verlag, München

Von den Kindern

Deine Kinder sind nicht deine Kinder.
Söhne und Töchter sind die Sehnsucht der Liebe und
des Lebens nach sich selbst ...
Sie leben durch dich, aber nicht von dir, und obwohl
sie bei dir sind, gehören sie dir nicht.
Du kannst ihnen deine Liebe schenken, aber nicht
deine Gedanken. Sie haben ihre eigenen Gedanken.
Du kannst ihrem Körper ein Zuhause geben, aber
nicht ihrer Seele.
Du kannst versuchen, ihnen gleich zu sein, aber suche
nicht, sie dir gleich zu machen. Denn das Leben geht
nicht rückwärts und verweilt nicht beim Gestern.
Du bist der Bogen, von dem deine Kinder als lebende
Pfeile ausgeschickt werden.
Lass deine Bogenrundung in der Hand des Schützen
Frieden und Freude bedeuten.

Hab Sonne im Herzen

Hab Sonne im Herzen, ob's stürmt oder schneit,
ob der Himmel voll Wolken, die Erde voll Streit!
Hab Sonne im Herzen, dann komme, was mag,
das leuchtet voll Licht dir den dunkelsten Tag!

Hab ein Lied auf den Lippen, mit fröhlichem Klang
und macht auch des Alltags Gedränge dich bang!
Hab ein Lied auf den Lippen, dann komme, was mag,
das hilft dir verwinden den einsamsten Tag!

Hab ein Wort auch für andre in Sorgen und Pein
und sag, was dich selber so fröhlich lässt sein:
Hab ein Lied auf den Lippen, verlier nie den Mut,
hab Sonne im Herzen, und alles wird gut!

Chinesische Weisheit

Wer andere erkennt, ist gelehrt.
Wer sich selbst erkennt, ist weise.
Wer andere besiegt, hat
Muskelkraft.
Wer sich selbst besiegt, ist stark.
Wer zufrieden ist, ist reich.
Wer seine Mitte nicht verliert,
ist unüberwindlich.

Wie ich dir begegnen möchte

Ich möchte dich lieben, ohne dich einzuengen,
dich wertschätzen, ohne dich zu bewerten,
dich ernst nehmen, ohne dich auf etwas festzulegen,
zu dir kommen, ohne mich dir aufzudrängen,
dich einladen, ohne Forderungen an dich zu stellen,
dir etwas schenken, ohne Erwartungen daran zu
knüpfen;
von dir Abschied nehmen,
ohne Wesentliches versäumt zu haben;
dir meine Gefühle mitteilen,
ohne dich für sie verantwortlich zu machen,
dich informieren, ohne dich zu belehren;
dir helfen, ohne dich zu beleidigen;
mich um dich kümmern,
ohne dich verändern zu wollen;
mich an dir freuen, so wie du bist.

Englischer Spruch

Der Mensch denkt, will und kann

Denkst du dich geschlagen, so bist du geschlagen;
wagst du nicht zu wagen, so wirst du nichts wagen.

Wünschst du Gewinn und denkst nichts zu gewinnen,
wird auch der sichere Sieg dir noch entrinnen.

Denkst du zu verlieren, so bist du verloren,
wird doch die Welt aus dem Willen geboren,
wird Tat zu Erfolg, vom Menschen gemeistert,
den immer der Geist zum Tun begeistert.

Denkst du nicht anders zu sein als die vielen?
Nur wer hinauf zu erhabenen Zielen denkt,
wer groß liebt, kann zur Höhe gelangen
und wird den Preis ungeneidet empfangen.

Denkst du dir Siege als Gipfel des Lebens?
Oft siegen Starke und Schnelle vergebens.
Mühelos aber vollendet der Mann,
der denkt, was er will, und will, was er kann.

Wegweisende Weisheit

Sieh dich in allem, was du tust, als Vollbringer deiner inneren Führung und du wirst stets das tun, was dir in allem zum Besten gereicht.

Lasse nicht nach in dem Bemühen, andere glücklich zu machen, umso mehr fällt das Glück auf dich zurück, denn der Sender ist zugleich der Empfänger. Alles beruht auf dem Prinzip des Ausgleichs. Je mehr du dieser Regel folgst, desto mehr fließt dir aus der unbegrenzten Fülle der Gaben Gottes alles zu. Dein Leben wird mit Glück und Wohlbefinden gesegnet …

Gedanken und Gefühle

Gedanken und Gefühle sind voller Leben. Wenn die Menschen ihre eigenen Gedanken, Gefühle und Worte „sehen" könnten und wenn sie erfassten, wie sie entsprechende Dinge und Kräfte an sich ziehen und sie dadurch in ihr Leben rufen, sie würden alles dransetzen, ihre eigenen Fehlschöpfungen ungeschehen zu machen. Die Reinheit unserer Gedanken, getragen von Liebe, ist die erste Voraussetzung für gedankliche Disziplin.

Dadurch befreien wir uns von grobstofflichen Verirrungen und Selbstbegrenzung. Somit erlangen wir eine Verfeinerung der Sinne, die uns dann befähigen, mit hohen Lichtsphären Verbindung aufzunehmen und göttliche Intuition zu empfangen. Jede Mühe lohnt sich; sie steht in keinem Verhältnis zu der Beglückung, die wir dann erfahren …

Die goldene Regel rechten Denkens

Denke Gutes – und von überall kommt Segen zurück.
Denke Liebe – und die Liebe führt dich ins Glück …
Denke Freundschaft – und jeder Mensch hat dich
gern …
Denke Freude – und das Leid bleibt dir fern …
Denke Fortschritt – sag bei allem: Ich kann!
Denke Erfolg – und er geht dir voran!
Aus der Denkrichtung erwächst die Lebensrichtung!

Prüfe jedes Wort, bevor du es aussprichst, ob es wahr
und positiv ist, ob es gut und segensbringend ist und
ob es notwendig und zweckdienlich ist. Ist eine dieser
Fragen zu verneinen, ziehe das Schweigen und Zuhö-
ren dem Reden vor.
Wohl dem, der weiß, dass er sein eigener Erzieher
und sein eigener Schüler ist. Und darum das Gute
denkt, bejaht und tut – im Geiste der goldenen Regel.
Somit wird unser aller Fortschritt und Aufstieg zu
den Höhen der Vollendung gefördert.
Ihm offenbart sich das Karmagesetz als die andere
Seite des **Allgesetzes der Harmonie und Liebe**, das
auf die fortschreitende Vergeistigung, Vervollkomm-
nung und Vergöttlichung aller Wesen abzielt.

Die beglückendste Erfahrung, zu der ein Mensch auf
dem Wege nach innen und zur Schicksalsschau gelan-

gen kann, ist die seiner Allgeborgenheit im Schoße der göttlichen Liebe:

Sein göttliches Selbst wird für ihn zum Gesetzgeber, Gestalter, Höherwandler und Löser des Karmas.

Die Folge ist, dass nicht mehr er – das kleine Ich mit seinen Egoismen und Ängsten – handelt, sondern dass das göttliche Selbst durch ihn wirkt und ihn im gleichen Maße karmaüberlegen macht.

Der Mensch wird ernten, was er gesät hat. Dieses Gesetz ist immer tätig. Die Wirkung folgt der Ursache.

Du selbst bist also die alleinige Ursache aller Dinge.

Du selbst hast es in der Hand, alles zu erneuern.

Du selbst hast die Macht dazu, sonst niemand.

Der Dienst, den der Mensch anderen erweist, bestimmt die Entwicklung der Seele. Alles andere ist ohne Bedeutung.

Spirituelle Behandlung für die Entfaltung wahrer Liebe

„Diese Worte spreche ich für mich. Meine Worte bringen das gewünschte Ergebnis, denn sie sind von der Kraft und der Liebe getragen, die größer ist als ich. Es gibt eine alle Schöpfung umfassende Liebe, und auch ich bin ein Teil dieser Liebe. Ich bin fähig und bereit, mich dieser Liebe zu öffnen. Ich weite meinen Herzraum und lasse zu, dass mich diese Liebe bis in jede Zelle meines Körpers durchdringt, durch mich fließt zu allen meinen Mitmenschen, ohne Ausnahme.

Was auch immer gewesen sein mag, ich bin jetzt bereit und fähig, im Verständnis für mich und für andere zu wachsen. Ich will nicht länger recht behalten. Ich bin bereit, aus der Sicht anderer Menschen das Leben zu verstehen. Ich vergebe mir und allen meinen Mitmenschen, ohne Ausnahme. Ich verzeihe und lasse die Vergangenheit mit allen vermeintlichen Irrtümern und Fehlern jetzt los. Ich bin jetzt guten Willens. Guter Wille geht von mir aus und guter Wille kehrt zu mir zurück. Ich vertraue der Gegenwart des Guten in meinem Leben. Ich vertraue der Gegenwart des Guten in mir. Ich vertraue der Gegenwart des Guten in allen meinen Mitmenschen. Immer mehr Gutes geht von mir aus, und immer mehr Gutes kehrt zu mir zurück. Die Gegenwart des Guten wirkt in mir und um mich herum, sie wirkt für mich in allen meinen Angelegenheiten und allen meinen Beziehungen.

Ich wage es, Liebe zum Ausdruck zu bringen. Ich gestehe anderen Raum und Zeit für ihre Entfaltung zu. Ich nehme das, was andere zu lernen haben, nicht persönlich. Ich bin fähig und bereit, die wahren Zusammenhänge des Lebens zu erkennen. Ich bin fähig und bereit, anderen Menschen liebevoll und verständnisvoll zu begegnen und sie bei ihrer Lernaufgabe zu unterstützen. Diese Bereitschaft geht von mir aus, und sie kehrt zu mir zurück.

Ich gebe auch mir Raum für meine eigene Entfaltung. Ich vertraue immer und überall der Gegenwart des Guten. Sie geht mir voraus und ebnet meinen Weg. Ich übe mich in Geduld mit mir und mit anderen. Ich erfreue mich hier und jetzt an dem, was bereits gut ist. Ich nehme immer mehr Gutes wahr, und immer mehr Gutes antwortet mir. Hier und jetzt öffne ich mich der allumfassenden Liebe und lasse mich von ihr in meinem Denken, Fühlen und Handeln leiten.

Ich bin zuversichtlich und entschlossen, wahre Liebe zu verwirklichen. Ich bleibe meinem erkannten Ideal treu und schenke ihm in der Stille meine Aufmerksamkeit. Ich bin von wahren Freunden umgeben. Ich liebe und segne alle Menschen, die mein Leben berühren und mir begegnen.

Frohe und lichtvolle Gedanken fließen durch mein Bewusstsein. Ich bin mutig und stark. In der Gegenwart der Stille übergebe ich mich ganz und gar dem Gefühl der wahren Liebe, die keine Bedingungen kennt. Ich bin liebevoll. Ich bin voller Verständnis, Nachsicht und Güte mit mir und mit anderen. Ich wünsche allen Menschen das Höchste und Beste: geistige Erweckung und freien Ausdruck ihres wahren Wesens.

Ablehnungen jeglicher Art sind von mir gefallen. Ich bin ein Magnet für wahre Liebe. Ich beginne jeden Tag mit wahrer Liebe. Ich erfülle jeden Tag mit wahrer Liebe. Ich beende jeden Tag mit wahrer Liebe. Wahre, unbedingte Liebe geht beständig sich vermehrend von mir aus, und wahre, beständig sich vermehrende Liebe kehrt zu mir zurück. Ich bin an den Kreislauf allumfassender Liebe angeschlossen.

Ich danke dem Leben für mein erwachtes Bewusstsein und meine fortschreitende Entfaltung. Und so ist es!"

Spuren im Sand

Ich träumte, ich wäre von dieser Welt gegangen.
Der Herr schritt neben mir – hinter uns blieben zwei
Spuren im Sand …
Weit über uns konnte ich das strahlende Himmelstor
erkennen.
Ich warf einen Blick zurück, um all meine Lebens-
schritte ein letztes Mal zu sehen. Auf den leichten,
schönen Abschnitten meines Lebens sah ich zwei
Spuren im Sand. Aber da, wo der Weg steil und
schwierig zu begehen war, sah ich nur eine Spur. Ich
wandte mich an den Herrn und fragte: „Oh Herr, ich
glaubte du seiest Seite an Seite mit mir durchs Leben
gegangen – in guten wie in schlechten Zeiten. Aber
auf den schweren Strecken meines Weges sehe ich nur
eine Spur … Warum?"
Da sprach der Herr: „Mein Kind, ich begleite dich
dein ganzes Leben – doch in den schwersten Zeiten
habe ich dich auf meinen Händen getragen."

METANOIA

Metanoia ist eingriechisches Wort und heißt „Bekehrung zum Guten". Der Metanoia-Prozess ist also die Umkehr zur Liebe. Eine wunderbare Erfahrung, die uns das Leben von einer ganz anderen Warte aus sehen lässt. Der bekannte Psychotherapeut Richard Beauvais sagt darüber: „Wir sind hier, weil es letzten Endes keine Zuflucht vor uns selbst gibt. Der Mensch läuft so lange vor sich selbst davon, bis der sich in den Augen und in den Herzen seiner Kameraden widerspiegelt. Er findet keine Ruhe, solange er ihnen sein Geheimnis nicht preisgegeben hat. Aus Angst davor, erkannt zu werden, kann er weder sich selbst noch irgendeinen anderen Menschen kennenlernen – er wird einsam bleiben. Wo sonst, wenn nicht in unserem gemeinsamen Urgrund, können wir einen derartigen Spiegel finden?

Hier in der Gemeinschaft kann der Mensch sich endlich klar erkennen, nicht als den Riesen seiner Träume, nicht als den Zwerg seiner Ängste, sondern als Mensch – als Teil eines Ganzen mit seinem Anteil an dessen Sinnhaftigkeit. In diesem Urgrund können wir alle Wurzeln schlagen und nicht mehr länger wie im Tode alleine wachsen, sondern lebendig, als Mensch unter Menschen."

Schonungslose Inventur

Eindrucksvolle Erfahrungen mit Metanoia: „… 24 Jahre lang hatte ich ein Leben gelebt, das ich niemals gewollt hatte. Ein Leben voller enttäuschter Hoffnungen, zerbrochener Freundschaften und persönlicher Niederlagen. Nur unzureichend und durchwachsen von Phasen stiller Zufriedenheit. In der resignierten Entfremdung von Ehepartner, Eltern, Kindern und Geschwistern hatte ich mir mehr als einmal die Frage gestellt, ob ich nicht besser Schluss machen sollte.

Seit längerer Zeit hatte ich eine überaus gründliche Inventur meines Lebens, meines Charakters und meiner Ursprungsfamilie gemacht. In vielen Fragen, die ich mir stellte, kam ich durch die ungeschminkten Antworten zu der Einsicht: Weit mehr als ich es je für möglich gehalten hatte, waren meine Existenz und mein Verhalten lebenslang von den Rollenbildern meiner Eltern geprägt und bedroht. Am schlimmsten vor allem da, wo ich mich dagegen aufgelehnt und zwanghaft versucht hatte, das exakte Gegenteil zu tun. Die Qualen meiner Kindheit und die meiner Jugend waren verdrängt statt bewältigt, die Vergebung für meine Eltern scheinheilig.

Resignation und Entfremdung waren nur ein Mantel für Trotz, Groll und Unversöhnlichkeit.

Endlich Frieden machen mit sich selbst

Und dann die erste Metanoia-Sitzung. Nach mehrstündiger geführter Visualisierung bekomme ich Zugang zu den früheren traumatischen Erfahrungen, die meine Lebensenergie binden. In den nächsten Tagen erkenne ich drei Aspekte meiner Wesenheit: mein ungeliebtes, sehnsüchtiges und trotziges inneres Kind. Meinen starken Intellekt – beides Aspekte meiner gelernten Identität. Und dann mein höheres, mein wahres, unverbogenes angeborenes Selbst. 15 Jahre habe ich verzweifelt danach gesucht. Jetzt endlich kann ich es sehen und fühlen. Ab jetzt verrichtet mein inneres Kind den Löwenanteil der Arbeit. Schließlich muss es von Unversöhnlichkeit geläutert werden, um Selbstliebe und Liebesfähigkeit zu lernen. Als Erstes kommen die jahrzehntelang unterdrückten Anschuldigungen gegen die Eltern ans Tageslicht. Die Phase steigert sich zu einer vulkanischen Selbstreinigung von energiespendender Stärke.

Sie gipfelt im Loslassen von Unterwerfung unter (und Auflehnung gegen) die negativen elterlichen Verhaltens-, Gedanken- und Gefühlsmuster, die mein inneres Kind in abhängiger Liebe zu Mutter und Vater angenommen hatte. Nie wieder Liebe kaufen, heucheln und wieder zerstören! Nach Auflösung von Groll und Unversöhnlichkeit sind Herz und Geist offen für Metanoia – die innere Umkehr und für die Versöhnung mit unseren Eltern. Auch sie waren ja einst sehnsüchtige, abhängige Kinder, und jetzt, erst nachdem meine Wut getilgt ist, bin ich darauf vorbereitet, Verständnis ohne Scheinheiligkeit für sie zu finden.

Wir erleben nun die Eltern von innen. Leiden, was sie gelitten, fühlen, was sie gefühlt haben – erst als Kinder, dann als Erwachsene.

Lieben, um zu lieben, anstatt Liebe zu fordern – diese neue Freiheit lässt mir Flügel wachsen.

Ich begegne Mutter und Vater angesichts der Endlichkeit unseres irdischen Lebens in einer längst verdrängten Krise, die in dem zurückgehaltenen Ausdrucksbedürfnis der schmerzhaftesten aller Sehnsüchte besteht: der Sehnsucht nach der bedingungslosen Liebe, der ich nun nicht mehr entfliehen kann.

Das Undenkbare geschieht: Haltlos schluchzend umarme ich im Geiste liebevoll den Vater meiner Kindheit, den ich in vielen Jahren in Gedanken verflucht hatte: Papa – ich liebe dich … Zum ersten Male fühle ich mich auch als das liebende Kind dieser Frau, die ich nie gelernt hatte, bedingungslos zu lieben. ‚Mutti, ich liebe dich …‘ Immer wieder höre ich mich diese Worte stammeln.

Es ist vollbracht! Mein Gott, ich danke dir. Endlich ist es jetzt geschehen: Ich akzeptiere mich, ich liebe mich! Befreit durch Liebe!!!"

Die Liebe wieder entdeckt

„Für mich war dies die intensivste Erfahrung meines bisherigen Lebens. Ich habe dieses Gefühl der Ganzheit in mir selbst erfahren, der körperlich-seelisch-geistigen Ganzheit. Dieses Bewusstsein, dass ich alles in mir trage, dass ich nicht mehr länger in der Außenwelt suchen muss. Dieses Gefühl, von dem ich schon so oft gelesen habe, das ich aber noch nie so intensiv erfahren durfte, habe ich als die größte und letztlich alles überstrahlende Wahrheit unseres Daseins wieder entdeckt: die Liebe."

Reiki

Lebensregeln

Gerade heute
will ich dankbar sein.

Gerade heute
will ich ohne Sorge sein.

Gerade heute
will ich ohne Ärger sein.

Gerade heute
will ich redlich arbeiten.

Gerade heute
will ich alle Wesen lieben und achten.

Was wär ein Gott

Was wär ein Gott, der stieße nur von
außen,
und ließe im Kreis das All am Finger
laufen!
Ihm ziemt's, die Welt im Innern zu
bewegen,
Natur in sich, sich in Natur zu hegen,
so dass, was in ihm lebt und webt
und ist,
nie seine Kraft, nie seinen Geist
vermisst.

Gutes fließt durch mich

Gutes fließt durch mich. Gutes strahlt
durch meine
Gedanken und Handlungen.
Das Gute harmonisiert
meinen Körper,
so dass er gekräftigt wird
und das Gute bringt Vollendung
in jede Zelle, jedes Organ und
jeden Ablauf meines Körpers.
Das Gute harmonisiert
mein Gemüt,
so dass Liebe voller Freude in
meinem Herzen schwingt.
Ich bin mir des Allguten bewusst,
das in mir, um mich
und in allem ist.

Entfaltung der inneren Kraft

An seine Grenze stößt nur der, der an seine Grenze glaubt.

Da ich weiß, dass alles – alles in mir ist, dass mein persönliches Potenzial unerschöpflich ist, bin ich fest entschlossen, meine Grenze zu überwinden.

Millimeter für Millimeter, Schritt für Schritt werde ich wachsen.

Alles Große kommt aus dem Kleinen, daher kann ich mich auch über kleine Fortschritte und Erfolge freuen.

So wie ein Sportler durch Training seine Grenzen überwindet, so wird es auch mir möglich sein, meine inneren Kräfte zu aktivieren. So wird mein Unterbewusstsein kleinere und größere Hindernisse überwinden. Ich wachse im Einklang mit den Kräften der Natur. So wie das Gras wächst, selbst wenn man es nicht sieht.

Ich werde mit Freude weiter trainieren, so dass mein Leben leichter wird.

Die Kunst der kleinen Schritte!

Ich bitte nicht um Wunder und Visionen, Herr, sondern um die Kraft für den Alltag!

Lass mich immer wieder herausfinden aus dem täglichen Trott, aus dem ermüdenden Einerlei und Vielerlei, aus Angst und Langeweile.

Zu mir selbst möchte ich finden – bitte hilf mir dabei.

Bewahre mich vor der kindischen Angst, ich könnte das Leben versäumen und leben, ohne das Leben zu erleben! Es kommt ja nicht darauf an, dass ich erfolgreich, sondern dass ich gesegnet bin!

Gib mir nicht, was ich mir wünsche, sondern das, was ich brauche – und das weißt nur du!

Lass mich erkennen, dass Träume nicht weiterhelfen, weder über die Vergangenheit noch über die Zukunft. Hilf mir vielmehr, das Nächste so gut wie möglich zu tun und die jetzige Stunde als die wichtigste zu erkennen!

Schenke mir die nüchterne Erkenntnis, dass Schwierigkeiten, Niederlagen, Misserfolge, Rückschläge eine selbstverständliche Zugabe zum Leben sind, wodurch wir wachsen und reifen, um unser Leben zu meistern.

Schenke mir eine gesunde Portion Misstrauen gegen mich selbst, denn keiner kann die Hand für sich ins Feuer legen. – Erinnere mich in kritischen Minuten daran, dass das Herz oft gegen den Verstand streikt. Auch möchte ich mich nicht beeinflussen lassen vom Gerede der Leute, alles sehen und doch vieles übersehen. Gib du mir die Kraft dazu!

Halte mich fest, wenn ich versucht bin, bitter oder verbittert zu werden. Schicke mir im rechten Augenblick jemand, der den Mut hat, mir die Wahrheit in Liebe zu sagen.

Gib mir die tägliche Wachsamkeit für Leib und Seele, eine Geste deiner Barmherzigkeit, ein gutes Wort, ein Lächeln, ein freundliches Echo und wenigstens hin und wieder das Erlebnis, dass ich noch gebraucht werde. Ich weiß, dass sich viele Probleme dadurch lösen, dass man etwas tut.

Gib, dass ich warten kann. Ich möchte dich immer aussprechen lassen, denn das Wichtigste im Leben sagt man nicht sich selbst, es wird einem gesagt.

Du weißt, wie sehr wir der Freundschaft bedürfen. Gib, dass ich diesem schönsten, zartesten, aber auch schwierigsten und riskantesten Geschäft des Lebens gewachsen bin.

Ich möchte trösten, aber bewahre mich vor der Gefahr, dass ich nur vertröste.

Ich möchte so stabil sein und das nötige Stehvermögen haben, um haltlosen Halt bieten zu können.

HERR – gib mir die Kraft, die Kunst der kleinen Schritte nur für heute zu lernen! Amen!

Zu mir kommen

Ich habe die Fähigkeit, mich in Gedanken mit vielem zu beschäftigen. Ich kann mich für viele Dinge interessieren. Ein gutes Buch kann mich fesseln. Aber dahinter will ich etwas anderes.

Eine Theorie kann mich faszinieren. Ich habe das Mitgehen beim Reden gelernt. Ich weiß etwas über Sympathie. Ich bin meistens ein guter Zuhörer. Aber dahinter droht etwas verschüttet zu werden.
Ich will mir selbst näher sein, mich selbst spüren, mich mit meiner eigenen Gegenwart überraschen, wenn ich ein Fremder in meinem eigenen Haus bin.
Heute will ich mich darauf besinnen, was mir wirklich etwas bedeutet. Ich will sehen, ob ich das zu fassen kriege, was nur Ahnung in mir ist.
Ich will mein Leben liebevoll behandeln.

Ich will all die Pflichten ablegen, die meine Mitmenschen an mich herantragen.

Ich will mich nicht mehr an Gepflogenheiten halten. Ich will die Regeln, die mich zu einem „lieben Menschen" machen sollen, nicht anerkennen.

Ich lege das Noble ab. Ich gehe heute weg von dir und überlass dich dir selbst. Ich grenze mich ab. Ich bin nicht gegen jemand, sondern ich entscheide mich für mich. Und dafür habe ich keine Schuldgefühle.

In mir rührt sich etwas, dem will ich begegnen. Es erhebt Anspruch auf mich, ist aber noch sehr schüchtern. Doch ich weiß, dass ich es entdecken muss, weil es der Schatz, der einzige Schatz ist, den ich dir zu geben habe.

Darum finde ich auch dich, wenn ich mich finde.

Zum Muttertag

Wenn wir dich nicht hätten, liebe Mutter,
wir wären nie gewachsen und meistens
nicht gekämmt,
die Strümpfe hätten Löcher, und
schmutzig wär das Hemd.
Wir äßen Fisch mit Honig und
Blumenkohl mit Zimt,
wenn du nicht täglich sorgest, dass
alles klappt und stimmt.
Wir hätten nasse Füße und Zähne
schwarz wie Ruß,
und bis zu beiden Ohren die Haut voll
Pflaumenmus.
Wir könnten auch nicht schlafen,
wenn du nicht noch mal kämst,
und uns, bevor wir träumen, in deine
Arme nähmst.
Und trotzdem – sind wir alle auch einmal
eine Last: Was wärst du ohne Kinder?
Sei froh, dass du uns hast.

Wenn du noch eine Mutter hast ...

Wenn du noch eine Mutter hast,
so danke Gott und sei zufrieden:
Nicht allen auf dem Erdenrund
ist dieses hohe Glück beschieden.
Wenn du noch eine Mutter hast,
so sollst du sie mit Liebe pflegen,
dass sie dereinst ihr müdes Haupt
in Frieden kann zur Ruhe legen.

Denn was du bist, bist du durch sie:
Sie ist dein Sein, sie ist dein Werden,
sie ist dein allerhöchstes Gut, und
ist dein größter Schatz auf Erden.
Des Vaters Wort ist ernst und streng,
die gute Mutter mildert's wieder:
des Vaters Segen baut das Haus,
ein böser Fluch reißt alles nieder.

Sie hat vom ersten Tage an
für dich gelebt mit bangen Sorgen;
sie brachte abends dich zur Ruh und
weckte küssend dich am Morgen.

Und warst du krank, sie pflegte dein,
den sie mit tiefem Schmerz geboren,
und gaben alle dich schon auf –
die Mutter gab dich nicht verloren.

Sie lehrte dich den frommen Spruch,
sie lehrte dich zuerst das Reden,
sie faltete die Hände dein
und lehrte dich zum Vater beten.
Sie lenkte deinen Kindessinn,
sie wachte über deine Jugend;
der Mutter danke es allein, wenn
du noch gehst den Pfad der Tugend.

Wie oft hat nicht die zarte Hand
auf deinem lock'gen Haupt gelegen!
Wie oft hat nicht ihr frommes Herz
gefleht für dich um Gottes Segen!
Und hattest du die Lieb verkannt,
gelohnt mit Undank ihre Treue:
Die Mutter hat dir stets verziehn,
mit Liebe dich umfasst aufs Neue.

Und hätte selbst das Mutterherz
für dich gesorget noch so wenig,
das Wen'ge selbst vergiltst du nie,
und wärest du der reichste König!
Die größten Opfer sind gering
für das, was sie für dich gegeben:
Und hätte sie vergessen dich, so
schenkte sie dir doch das Leben.

Und hast du keine Muter mehr, und
kannst du sie nicht mehr beglücken,
so kannst du doch ihr frühes Grab
mit frischen Blumen schmücken.
Ein Muttergrab, ein heilig Grab,
für dich die ewig heil'ge Stelle!
Oh, wende dich an diesen Ort,
wenn dich umtost des Lebens Welle.

Alle Menschen will ich lieben

Alle Menschen will ich lieben,
nur die EINE nehm ich aus,
jene Frau von Nr. 7
aus dem übernächsten Haus.

Wisst ihr, was die unlängst sagte?
Ich sei böse, blöd und dumm.
Nicht, dass ich mich nun beklagte,
doch ich frage mich, warum?

Und dann las ich jene Zeile
in dem Heftchen, wunderbar.
Und nach einer guten Weile
wurde es mir plötzlich klar:

Nicht die Frau von Nr. 7
macht den Fehler also dann! –
Will ich wirklich alle lieben,
fang ich bei mir selber an.

Ein Geschenk nun einzukaufen,
denkt ihr, das wär sicher gut,
und dann einfach hinzulaufen –
das wär falsch und gar nicht klug.

Ich begann, sie loszulassen –
diese Frau und ihr Gezank –
und vertrauensvoll zu fassen
meines Vaters Liebeshand.

Heut ging ich an ihr vorüber,
freundlich zog ich meinen Hut,
und sie nickt zu mir herüber.
Ja, nun weiß ich, es ist gut!

Sicher wollt ihr nun auch wissen,
was in jenem Heftchen stand –
ach, ich will es nimmer missen,
froh, dass ich die Zeile fand:

„Euer Denken müsst ihr lenken",
dieses war das Losungswort.
Anders von der Frau zu denken,
macht es möglich, fort und fort.

Längst schon sind wir Freund geworden
und es ist nun alles gut.
Darum mach dir keine Sorgen,
lasse los, was weh dir tut.

Ändre die Gedanken schnelle,
und du wirst es sogleich sehn,
in das Dunkle kommt das Helle,
und die Welt ist doppelt schön.

Alle Menschen will ich lieben.
Keinen nehm ich davon aus.
Auch die Frau von Nr. 7
aus dem übernächsten Haus!

Zum Geleit

Gehe gelassen inmitten von Lärm und Hast und denke daran wie ruhig es sein kann in der Stille. So weit als möglich – ohne dich aufzugeben – sei auf gutem Fuß mit jedermann. Das, was du zu sagen hast, sprich ruhig und klar aus und höre andere an, auch wenn sie langweilig oder töricht sind, denn auch sie haben an ihrem Schicksal zu tragen. Meide die Lauten und Streitsüchtigen, sie verwirren den Geist. Vergleichst du dich mit anderen, kannst du hochmütig oder verbittert werden, denn immer wird es Menschen geben, die bedeutender und besser sind als du. Erfreue dich am Erreichten und an deinen Plänen. Bemühe dich um deinen eigenen Beruf, wie bescheiden er auch sein mag; er ist ein fester Besitz im Wechsel der Zeit. Sei vorsichtig bei deinen Geschäften, denn die Welt ist voller Betrüger. Aber lass deswegen das Gute nicht aus den Augen, denn Tugend ist auch vorhanden. Viele streben nach Idealen, und überall im Leben gibt es Helden. Sei du selbst. Täusche vor allem keine falschen Gefühle vor. Sei auch nicht zynisch, wenn es um Liebe geht, denn trotz aller Öde und Enttäuschung verdorrt sie nicht, sondern wächst weiter wie Gras.

Höre freundlich auf den Ratschlag des Alters und verzichte mit Anmut auf Dinge der Jugend. Stärke die Kräfte deines Geistes, um dich bei plötzlichem

Unglück dadurch zu schützen. Quäle dich nicht mit Wahnbildern. Viele Ängste werden durch Müdigkeit und Einsamkeit geweckt. Bei aller angemessenen Disziplin – sei freundlich mit dir selbst. Genau wie Bäume und Sterne, so bist du ein Kind der Schöpfung. Du hast ein Recht auf deine Existenz. Und auch wenn du das nicht verstehst, entfaltet sich die Welt gewiss nach Gottes Plan. Bleibe also im Frieden mit Gott, was auch immer er für dich bedeutet und was immer deine Sehnsüchte und Mühen in der lärmenden Verworrenheit des Lebens seien – bewahre den Frieden in deiner Seele. Bei allen Enttäuschungen, Plackereien und zerronnenen Träumen ist es dennoch eine schöne Welt. Sei vorsichtig.

Strebe danach, glücklich zu sein.

Nach dem englischen Original von 1692,
gefunden in der St.-Pauls-Kirche von Baltimore

Das Wunder der Verwandlung

Es gibt zwei Ebenen der Schöpfung, eine rein geistig-göttliche Schöpfung der geistigen Welt, der Wahrheit an sich, und dann im Konkreten die äußere, materielle Welt. Als Mensch bin ich die Brücke, der Mittelsmann, der Botschafter, der Sendbote der geistigen Energie, mit dem Auftrag, hier in der Materie konkret zu formen, auszudrücken und zu sagen, wie etwas sein soll, und es dann auch durchzusetzen. Die relative, äußere Welt, in der ich als Mensch lebe, ist in einem ständigen Prozess der Veränderung. Aber es gibt nur eine mögliche Quelle, für diese Veränderung, nur ein Punkt, an dem die Entscheidung fällt, wie sich diese Welt verändern kann und wie sie sich schon verändert hat. Dieser Punkt ist mein Denken. Jede Tatsache – ohne Ausnahme – hat eine Gedankenursache. Ich bin sozusagen ganz von materialisierten Gedankenbildern umgeben. Die Gedanken, die ich wähle, bestimmen die Tatsache, die ich erleben werde. Als Mensch mache ich einen Fehler, wenn ich denke, das Leben müsse auf mich zukommen und mir etwas bringen. Als menschliches Wesen, als denkendes, geistiges Wesen, bin ich eine Quelle, ein Ausströmpunkt schöpferischer Kräfte, bin ich ein Mittelpunkt, von dem alle Wege ausgehen, eine geistige Sonne, aus der Millionen geistiger Impulse ausstrahlen. Ich bin strahlend, formend, gestaltend und schöpferisch. Ich kann meine

Gedanken kontrollieren, meine Absichten und Wünsche und damit mein Leben, meine Umstände und Beziehungen, eben meine Tatsachen formend gestalten. Mit jedem vertrauensvollen Gedanken wachse ich in Gottes gute geistige Welt hinein. Wenn ich das tue, kann das Wunder der Verwandlung geschehen.

Mein Geist darf jetzt seine Einheit mit Gott erleben.

Alles ist von seinem Geist durchdrungen, getragen, gelenkt, geordnet, gewollt und geheilt.

Gottes Geist ist die unendliche Freiheit erlösender Wahrheit.

Mein Geist ist die unendliche Freiheit der erlösenden Wahrheit in mir.

Gottes Geist ist die friedvolle Harmonie erhabener Schönheit.

Mein Geist ist die friedvolle Harmonie der erhabenen Schönheit in mir.

Gottes Geist ist die unerschöpfliche Kraft ewigen Lebens.

Mein Geist ist die unerschöpfliche Kraft des ewigen Lebens in mir.

Gottes Geist ist die bedingungslose Macht heilender Liebe.

Mein Geist ist die bedingungslose Macht der heilenden Liebe in mir.

Gottes Geist ist die tiefe Geborgenheit heiliger Stille.

Mein Geist ist die tiefe Geborgenheit der heiligen Stille in mir.

Weil dies alles wahr ist, und von mir verstanden wird, kann ich es lernen, gute, sichere Entscheidungen zu treffen.

Weil dies alles wahr ist, und von mir verstanden wird, kann ich meinen Nächsten verstehen und ihm verzeihen, auch wenn er mir sehr weh getan hat.

Weil dies alles wahr ist, und von mir verstanden wird, lasse ich all meine Probleme los und lasse das Wunder der Verwandlung in mir und in meiner Welt geschehen.

Mein Herz schwingt in freudiger Dankbarkeit! – AMEN!

Das Bedürfnis nach Liebe stillen

Vergeude nie Zeit damit, zu meinen, du müssest einen sehr langen Weg in diesem spirituellen Leben gehen. Tröste und stärke dich vielmehr damit, dass du erkennst, wie weit du schon gegangen bist. Sei ewig dankbar dafür. Erkenne, wie viel es gibt, wofür du dankbar sein kannst. Pflege schöne Gedanken. Umgib dich mit schönen Dingen und schönen Menschen. Sieh das Licht der Wahrheit in allem und jedem leuchten. Wisse, dass nichts es von außen her auslöschen kann, dass nur deine Negativität das zustande bringt. Sei deshalb ständig positiv. Wähle immer den Pfad des Lichtes und kümmere dich nicht um die Dunkelheit. So gibst du ihr keine Kraft. Immer mehr Licht ist nötig, weil der Hunger nach spiritueller Nahrung in der Welt zunimmt. Sieh also zu, dass dein Licht hell leuchtet. Sei das Licht und lass es aus dir leuchten und die Dunkelheit verdrängen. Sei Liebe und lass Liebe ungehindert aus dir fließen. Hilf das große Bedürfnis der Welt nach Liebe stillen.

Kinder werden Leute

Das große Glück, noch jung zu sein,
sieht mancher Mensch als Kind nicht ein.
Er möchte, dass er ungefähr
so 17 oder 18 Jahre wär,
doch schon mit 19 denkt er: Halt!
Wer über 20 Jahre ist, ist alt ...
Ist dann die 20 kaum geschafft,
erscheinen 30 Jahre greisenhaft.
Die 40 dann – oh, welche Wende!
Gelten 50 dann beinah als Ende ...
Nach 50 Jahren doch, man sehe,
denkt er das Ende in die Höhe,
mit 60 Jahren noch nicht weise,
geht's weiter auf der Reise.
Mit 70 Jahren hofft er still:
Ich werde 80 – so Gott will!
Und wer die 80 überlebt,
zielstrebig auf die 90 geht.
Dort angekommen, zählt er geschwind
die Leute, die noch älter sind ...

Verschenke dein Lächeln

Ein Lächeln kostet nichts, aber es gibt viel.
Es macht den reich, der es bekommt, ohne den, der es gibt, ärmer zu machen. Es dauert nur einen Augenblick, aber die Erinnerung bleibt – manchmal für immer.

Niemand ist so reich, dass er ohne es auskommen kann, und niemand so arm, dass er nicht durch ein Lächeln reicher gemacht werden könnte. Ein Lachen bringt Glück ins Haus, fördert den guten Willen im Geschäft und ist das Zeichen für Freundschaft.

Es gibt dem Erschöpften Ruhe, dem Mutlosen Hoffnung, dem Traurigen Sonnenschein und es ist der Natur bestes Mittel gegen Ärger.
Man kann es nicht kaufen, nicht erbetteln, leihen oder stehlen, denn es ist so lange wertlos, bis es wirklich gegeben wird.

Manche Leute sind zu müde, dir ein Lächeln zu geben. Schenk ihnen deines, denn niemand braucht ein Lächeln nötiger als jener, der keines mehr zu geben hat.

Das Gesetz höherer Fähigkeit

„Du siehst, Leben ist Intelligenz. Leben ist allmächtig. Und Leben sucht überall und immer, sich auszudrücken. Mehr noch, es ist niemals befriedigt. Es sucht unaufhörlich größeren und volleren Ausdruck. In dem Moment, in dem ein Baum zu wachsen aufhört, in diesem Moment beginnt das Leben woanders damit, sich besser auszudrücken. Von dem Moment an, da du aufhörst, mehr und mehr Leben auszudrücken, von diesem Moment an beginnt das Leben, sich nach anderem und besserem Durchlass umzusehen."

ERFOLG IM LEBEN

Ich bin voller Harmonie, optimistisch stehe ich meinem Leben und meinen Aufgaben gegenüber und schöpfe aus dieser positiven Einstellung täglich neue Lebenskraft.

Meine Fähigkeiten sind unbegrenzt.

Ich erreiche jedes Ziel.

Alle meine Wünsche gehen in Erfüllung.

Ich führe ein erfolgreiches Leben.

Ich erkenne, was ich wirklich möchte und handele danach.

Alle Entscheidungen treffe ich aus meiner harmonischen Mitte.

Denken, Reden und Handeln stimmen mit meinem inneren Wesen überein.

Ich erledige eine Sache nach der anderen.

Ich schiebe nichts auf und lasse Unklarheiten nicht offen.

Ich gehe immer ganz in meinem TUN auf.

Ich genieße jeden Augenblick meines Lebens.

Es macht mir Spaß, mich täglich durch körperliche Bewegung und richtige Ernährung fit zu halten.

Schön ist die Jugend ...

Schön ist die Jugend, so steht's geschrieben,
doch auch am Alter kann man sich freu'n.
Ist man im Herzen noch jung geblieben,
fühlt man im Alter sich nicht allein.
Man muss auch langsam geh'n,
manchmal beiseitesteh'n.

Ist man erst älter, wird man bescheiden,
man hofft nicht mehr auf das große Los.
Die Jugend braucht man nicht zu beneiden,
wiegt man ein Enkelkind auf seinem Schoß.
Man muss auch langsam geh'n,
manchmal beiseitesteh'n.
Schön ist das Alter, trotz alledem.

Das Buch des Lebens hat viele Seiten,
das Schicksal blättert um und fragt uns nicht.
Doch Gottes Segen wird uns geleiten,
er schützt in Treue, gibt Kraft und Licht.
Man muss auch langsam geh'n,
manchmal beiseitesteh'n.
Schön ist das Alter, trotz alledem.

Freu dich doch heute, nutz die Stunden
in Fröhlichkeit und Zuversicht,
viel Schweres wurde schon überwunden,
man scheute Mühen und Arbeit nicht.
Sei froh und unverzagt,
sag' Dank für jeden Tag.
Was er auch immer uns bringen mag.

Das Alter

Es ist seltsam mit dem Alter.
Wenn man dreizehn und noch ein Kind,
weiß man glasklar, dass das Alter
so um zwanzig rum beginnt.

Ist man aber selber zwanzig,
denkt man nicht mehr ganz so steif,
glaubt jedoch, so um die dreißig
sei man für den Sperrmüll reif.

Dreißiger, schon etwas weiser,
und vom Lebenskampf geprägt –
haben den Beginn des Alters
auf Punkt vierzig festgelegt.

Vierziger, mit Hang zum Grübeln,
sagen dumpf wie ein Fagott,
fünfzig sei die Altersgrenze
und von da an sei man Schrott.

Doch die Fünfziger, die Klugen,
denken überhaupt nicht dran.
Jung sind alle, die noch lachen –
das Alter fängt mit hundert an!

Liebe und Alter

Alter schützt vor Torheit nicht,
das ist allgemein bekannt.
Alter schützt vor Liebe nicht,
das wird nicht so oft genannt.

Warum hier denn ein Tabu?
Steht Liebe nur der Jugend zu?
Warum sich vor Gefühlen scheuen,
die doch das Leben so erfreuen?

Sich der Gefühle heimlich schämen,
heißt, beiderseits das Glück sich nehmen.
Versteckt die Liebe nicht, ihr Alten,
lasst Herz und Seele nie erkalten.

Die Jungen können's ruhig wissen,
wie gerne noch die Alten küssen.

Das Leben ist ...

eine Chance	nutze sie
Schönheit	bewundere sie
Seligkeit	genieße sie
eine Herausforderung	stelle dich ihr
eine Pflicht	erfülle sie
ein Spiel	spiele es
kostbar	geh sorgfältig damit um
Reichtum	bewahre ihn
ein Rätsel	durchdringe es
Versprechen	erfülle es
Traurigkeit	überwinde sie
eine Hymne	singe sie
ein Kampf	akzeptiere ihn
eine Tragödie	ringe mit ihr
ein Abenteuer	wage es
ein Glück	verdiene es
das Leben	verteidige es
Liebe	liebe sie

Vertraue dir selbst!

„Vertraue dir selbst! Jedes Herz schlägt höher bei diesem Ruf. Fülle den Platz aus, den die Vorsehung, die innere Führung dir zugesehen hat mitsamt den Zeitgenossen, Beziehungen und Umständen, die dich umgeben! Alle großen Menschen haben das getan, haben sich im gläubigen Vertrauen dem inneren Genius anheimgegeben – im Gewisssein, dass das unbedingt Zuverlässige im Grunde ihres Herzens ruht und ihr Wesen wie ihr Schicksal beherrscht. Der Mensch ist immer dann froh, frei und groß, wenn er Hirn, Herz und Hand an ein Werk hingibt und sich in ihm verwirklicht."

Das gute Leben wartet auf uns ...

„Was ich von allen Hausdächern schreien würde, ist dies: Das gute Leben wartet auf uns, hier und jetzt. Genau in diesem Augenblick besitzen wir die notwendigen Techniken, sowohl materiell wie psychisch, um ein erfülltes und zufriedenstellenderes Leben für jedermann zu schaffen."

Wie du wirkliches Glück findest

Wenn du unglücklich bist, musst du verstehen, dass alles Unglücklichsein durch Vergleichen verursacht wird.

Wir fühlen uns nur dann unglücklich, wenn wir einen Vergleich anstellen zwischen dem, was wir jetzt haben, und etwas anderem. Zum Beispiel als wir jünger oder gesünder waren. Als wir mit einer bestimmten Person zusammen waren oder bestimmte Ehren und Anerkennungen genossen. Wenn kein Vergleich stattfindet, ist Unglücklichsein unmöglich. Glück entsteht, wenn der Verstand sich nicht von sich selbst wegbewegt. Wenn er in der Gegenwart bleibt und aufhört, sich mit anderen Zeiten und Umständen zu vergleichen.

Stelle dir einen unglücklichen Menschen vor, der zu Hause sitzt und sagt: „Ich will mein Leben verändern." Dieser Mensch renoviert sein Haus. Danach fühlt er sich genauso unglücklich wie zuvor. So renoviert er mehrmals und findet aber, dass noch immer keine Veränderung in ihm stattgefunden hat. Kennst du Menschen, die glauben, dass sie ihren Grad von Zufriedenheit ändern können, indem sie ihre äußere Umgebung verändern? Wo haben sie den Fehler gemacht? An welchem Punkt können sie sich selbst korrigieren?

Wenn du die Antwort auf diese Fragen hast, hältst du ein machtvolles Werkzeug für persönliches Wachstum in den Händen.

Die Wahrheit über dich ist also, dass du nicht das bist, was du hast und was du tust. Du bist ganz, vollständig und perfekt, und dein Erfolg im Leben steht in unmittelbarer Beziehung zu deiner Fähigkeit, die Wahrheit über dich zu akzeptieren.

Der Schlüssel zur Veränderung ist die Fähigkeit, dass wir uns selbst in eine andere Situation, wie Umgebung, Auto, Beruf, Beziehung oder Karriere, hineindenken können.

Wenn du zuerst festlegst, was für dich wichtig ist, wirst du automatisch die für dich wichtige Information erhalten. Du wirst dir wertvoller Möglichkeiten bewusst werden. Du erhältst Informationen, die dir helfen werden, dein Ziel zu erreichen. Wenn du genau weißt, was du willst – exakt welches Haus, Auto, Einkommen, welche Arbeit, Beziehung, Kunden usw.

Erkenne dich selbst, deine Kraft ist in dir.

Urteile nie!

Ein alter Mann lebte in einem Dorf, sehr arm, aber selbst Könige waren neidisch auf ihn, denn er besaß ein wunderschönes weißes Pferd. Die Könige boten phantastische Summen für das Pferd, aber er verkaufte es nie.

Eines Morgens fand er sein Pferd nicht im Stall. Das ganze Dorf versammelte sich und die Leute sagten: „Du dummer alter Mann! Wir haben immer gewusst, dass das Pferd eines Tages gestohlen würde. Es wäre besser gewesen, es zu verkaufen. Welch ein Unglück!" Der alte Mann sagte: „Geht nicht so weit, das zu sagen. Alles, was ist, ist: Das Pferd ist nicht im Stall. So viel ist Tatsache. Alles andere ist Vorurteil. Ob es ein Unglück ist oder ein Segen, weiß ich nicht, weil ich nicht weiß, was folgen wird."

Die Leute lachten den Alten aus. Sie hatten schon immer gewusst, dass er ein bisschen verrückt war. Aber: Nach 15 Tagen kehrte das Pferd zurück. Es war nicht gestohlen worden, sondern in die Wildnis ausgebrochen. Und nicht nur das, es brachte auch noch zwölf wilde Pferde mit. Wieder versammelten sich die Leute und sagten: „Alter Mann, du hast recht, es hat sich tatsächlich als Segen erwiesen." Der Alte entgegnete: „Wieder geht ihr zu weit. Alles, was ist, ist: Das Pferd ist zurück. Ihr lest nur ein einziges Wort in einem Satz – wie könnt ihr das Buch beurteilen?"

Der alte Mann hatte einen einzigen Sohn, der begann die Wildpferde zu trainieren. Schon eine Woche später fiel er vom Pferd und brach sich die Beine. Wieder versammelten sich die Leute und wieder urteilten sie: „Du hattest recht, es war ein Unglück. Dein einziger Sohn kann nun die Beine nicht mehr gebrauchen, und er war die Stütze deines Alters. Jetzt bist du ärmer als je zuvor." Der Alte antwortete: „Ihr seid besessen vom Urteilen. Alles, was ist, ist: Mein Sohn hat sich die Beine gebrochen. Niemand weiß, ob dies ein Unglück ist oder ein Segen. Das Leben kommt in Augenblicken und mehr bekommt ihr nie zu sehen."

Es ergab sich, dass das Land einen Krieg begann. Alle jungen Männer des Ortes wurden zwangsweise zum Frontdienst eingezogen. Nur der Sohn des alten Mannes blieb zurück, weil er gebrochene Beine hatte. Der Ort war vom Wehgeschrei erfüllt, weil dieser Krieg nicht zu gewinnen war und man wusste, dass die meisten jungen Männer nicht nach Hause zurückkehren würden. Die Leute kamen zum alten Mann und sagten: „Du hattest recht, es hat sich als Segen erwiesen." Der alte Mann antwortete: „Ihr hört nicht auf, zu urteilen. Alles, was ist, ist: Man hat eure Söhne in die Armee eingezogen und mein Sohn wurde nicht eingezogen. Nur das Ganze weiß, ob dies ein Segen oder Unglück ist. **Urteile nie!**"

Ich sehe ein Land

Ich sehe ein Land mit neuen Bäumen,
ich sehe ein Haus aus grünem Strauch,
und einen Fluss mit flinken Fischen
und einen Himmel aus Hortensien
sehe ich auch.
Ich sehe ein Licht von Unschuld weiß
und einen Berg, der unberührt.
Im Tal des Friedens geht ein junger Schäfer,
der alle Tiere in die Freiheit führt.
Ich hör' ein Herz, das tapfer schlägt
in einem Menschen, den es noch nicht gibt,
doch dessen Ankunft mich schon jetzt bewegt,
weil er erscheint und seine Feinde liebt.
Das ist die Zeit, die ich nicht mehr erlebe.
Das ist die Welt, die nicht von unserer Welt,
sie ist aus feinst gesponnenem Gewebe
und Freude seht und glaubt: Sie hält.
Das ist das Land, nach dem ich mich so sehne,
das mir durch Kopf und Körper schwimmt.
Mein Sterbenswort und meine Lebenskantilene,
dass jeder jeden in die Arme nimmt.
Du kommst auch darin vor.

Es ist alles nur geliehen!

Es ist alles nur geliehen, hier auf dieser Welt.
Es ist alles nur geliehen, aller Reichtum alles Geld.
Es ist alles nur geliehen, jede Stunde voller Glück.
Musst du eines Tages gehen, lässt du alles hier zurück.
Man sieht tausend schöne Dinge und man wünscht sich dies und das.
Nur was gut ist und was teuer, macht dem Menschen heute Spaß.
Jeder will noch mehr besitzen, zahlt er auch sehr viel dafür.
Keinem kann es etwas nützen, es bleibt alles einmal hier.
Jeder hat nur das Bestreben, etwas Besonderes zu sein, schafft und rafft das ganze Leben, doch was bringt es ihm schon ein?
Alle Güter dieser Erde, die das Schicksal dir verehrt, sind dir nur auf Zeit gegeben und auf Dauer gar nichts wert. **Darum lebt doch euer Leben, freut euch auf den nächsten Tag!!!**
Wer weiß schon auf dieser Erde, was der Morgen bringen mag. Freut euch an den kleinen Dingen, nicht nur an Besitz und Geld, es ist alles nur geliehen hier auf dieser schönen Welt.

Lebensweisheiten

Es gibt eine Kraft, die das Universum lenkt, und du kannst lernen, mit ihr zusammenzuwirken.

Ein Tropfen Liebe ist mehr als ein Ozean an Wille und Verstand.
BLAISE PASCAL

Was du nicht willst, das man dir tu,
das füg auch keinem anderen zu.

Lass deine Augen offen sein,
geschlossen deinen Mund
und wandle still, so werden dir
geheime Dinge kund.
HERMANN LÖNS

Gesundheit, Freude, Glück und Segen,
Zufriedenheit auf allen Wegen,
deinem Tun ein gutes Gelingen –
das möge dir die Zukunft bringen.

Das Leben ist zu kurz für ein langes Gesicht.
RENATE ROHLF

Träume nicht dein Leben, lebe deine Träume.

Wir alle sind Engel mit einem Flügel. Wir müssen einander umarmen, wenn wir fliegen wollen.
Luciano de Crescenzo

Alles hat seine Zeit, es gibt eine Zeit der Freude, eine Zeit der Stille, eine Zeit der Schmerzen, der Trauer und eine Zeit der dankbaren Erinnerungen.
Dietrich Bonhoeffer

Man kann einen Menschen nichts lehren. Man kann ihm nur helfen, es in sich selbst zu entdecken.
Galilei

Das einzig Wichtige im Leben, das wir hinterlassen, wenn wir einmal ungefragt Abschied nehmen, sind die Spuren der Liebe.
Albert Schweitzer

„Die kürzeste Form, um irgendetwas zu erreichen: Tu es!"
J. Sig Paulson

Nur wer liebt, ist wirklich lebendig.

Wohlstand ist uns nur gegeben, dass auch andere davon leben.

Wer Wissen erwirbt, ohne es anzuwenden, gleicht einem Landmann, der seinen Acker pflügt, aber nicht besät.

Beurteile einen Menschen lieber nach seinen Handlungen als nach seinen Worten; denn viele handeln schlecht und sprechen vortrefflich.

Viel zu spät begreifen viele
die versäumten Lebensziele:
Freude, Schönheit der Natur,
Gesundheit, Reisen und Kultur.
Drum Mensch, sei zeitig weise!
Höchste Zeit ist's! Reise, reise!
Wilhelm Busch

Mache einem Menschen eine Freude, und es beglückt auch dein eigenes Herz.

Jeder Mensch, der sich für etwas engagiert, hat eine bessere Lebensqualität als andere, die nur so dahinvegetieren.
Bruno Kreisky

Ein magisches Licht strahlt aus dem Herzen eines Menschen, dessen Leben von Liebe erfüllt ist.

Reden ist Silber, Schweigen ist Gold.

Die Freude verdoppelt sich, wenn du sie mit anderen Menschen teilst.

Ein erfolgreicher Mensch begrüßt freudig jede sich bietende Gelegenheit. Ein Versager beklagt sich über sie. Er hat beschlossen, sie als Problem zu sehen.

„Ich kann – das ist das Maß der mir verliehnen Kraft, der Tat, der Fähigkeit der Kunst und Wissenschaft."
Weisheit des Brahmanen

Nehmen Sie die Menschen wie sie sind, es gibt keine anderen.
K. Adenauer

Nichts erreicht das Herz, was nicht von Herzen kommt.

Willst du glücklich sein im Leben,
trage bei zu andrer Glück,
denn die Freude, die wir geben,
kehrt ins eigene Herz zurück.

Verschenke einen Fisch und der Beschenkte ist satt für einen Tag. Verschenke eine Angel und der Beschenkte ist satt an jedem Tag.

Jedes Leben lebt unter seinem eigenen Stern.

Ein gutes Gewissen ist ein sanftes Ruhekissen.

Urteile kann man revidieren, Vorurteile nicht.

Wer seinen Traum verwirklichen will, muss zuvor aufwachen.

Mach es wie die Sonnenuhr, zähl die heitren Stunden nur.

Ein guter Weg zur Gesundheit ist der Fußweg.

Jungsein ist eine Geisteshaltung.

Wenn man nicht hat, was man liebt, muss man lieben, was man hat.

Wer wenig sät, der wird wenig ernten, wer viel sät, wird viel ernten.

Verschüttetes Wasser und gesprochene Worte lassen sich nicht wieder einsammeln.

Gott ist für uns, wer kann gegen uns sein?

Worte wirken weiter. Gesprochene Worte kann man nicht zurücknehmen.

Glaube, dass das Leben lebenswert ist, und dein Glaube wird dir helfen, Lebenswerte zu schaffen.
RENATE ROHLF

Der verlorenste aller Tage ist der, an dem man nicht gelacht hat.

Lernen ist wie Rudern gegen den Strom. Hört man damit auf, treibt man zurück.
LAOTSE

Einen Menschen zu lieben bedeutet, ihn so zu sehen, wie Gott ihn gemeint hat.
DOSTOJEWSKI

Harte Zeiten vergehen, starke Menschen bleiben bestehen.

Der Himmel hängt voller Geigen, wenn alle Klagen schweigen.
RENATE ROHLF

Liebe ist das Einzige, das sich vermehrt, wenn man es teilt.

Ein Pfund Praxis ist besser als eine Tonne Theorie.

Die Menschen sind zur Schönheit aufgerufen:
Der Geist, Schönheit zu denken.
Die Augen, Schönheit zu sehen.
Die Ohren, Schönheit zu hören.
Die Hände, Schönheit zu formen.
Das Herz, Schönheit in die Welt zu tragen.
SCHÖPFUNGSGESANG

Wer Gott in sich lässt walten, der kann sich wunderbar und frei entfalten.
RENATE ROHLF

Es gibt eine grundsätzliche Gerechtigkeit. Jeder bekommt täglich 24 Stunden geschenkt.

Frag nicht links und frag nicht rechts, geh im Vertrauen gerade durch die Mitte, mit Schöpferkraft gelingen dann alle deine Schritte.
RENATE ROHLF

Wer mit dem Leben spielt, kommt nie zurecht, wer sich nicht selbst befiehlt, bleibt ewig Knecht. Goethe

Das Leben ist wie ein Spiegel, wenn du hineinlächelst, lächelt es zurück.

Viele Menschen versäumen das kleine Glück, während sie auf das große warten.
PEARL S. BUCK

Das Glück deines Lebens hängt von der Beschaffenheit deiner Gedanken ab.
MARCUS AURELIUS

Es führt kein Weg zum Glücklichsein. Glücklichsein ist der Weg.

Nichts verleiht mehr Überlegenheit, als ruhig und unbekümmert zu bleiben.

Wer die Herzen bewegt, bewegt die Welt.
RENATE ROHLF

Man braucht zwei Jahre, um sprechen zu lernen, und 50 Jahre, um schweigen zu lernen.
ERNEST HEMINGWAY

Humor ist die Fähigkeit, heiter zu bleiben, wenn es ernst wird.
ERNST PETZOLD

Jeder Augenblick, den du gut nutzt, ist ein Schatz, den du gewinnst.
DON GIOVANNI BOSCO

Liebe, Lernen oder Leiden,
du musst dich entscheiden,
liebe jetzt und alle Zeit,
nur Liebe heilt das Leid.

RENATE ROHLF

Jede Minute, die man lacht, verlängert das Leben um
eine Stunde.

AUS CHINA

Nimm dir Zeit und nicht das Leben.
Es wird dir nur auf Zeit gegeben.

RENATE ROHLF

Das schönste Denkmal, das ein Mensch bekommen
kann, lebt in den Herzen der Mitmenschen.

Wer einen Sieg über andere erringt, ist stark. Wer sich
selbst besiegt, ist mächtig,.

Liebst du das Leben? Dann verschwende keine Zeit,
denn das Leben besteht aus Zeit.

Jeder, der einen anderen schlecht macht, wird es
dadurch selbst.

RENATE ROHLF

Wer überlegt, bevor er spricht, hat manchen Ärger nachher nicht.

ERICH LIMPACH

Ein Tag ohne Lächeln ist ein verlorener Tag.

Gib jedem Tag die Chance, der schönste deines Lebens zu werden.

MARK TWAIN

Wer einen Fehler gemacht hat und ihn nicht korrigiert, begeht einen zweiten.

KONFUZIUS

Behandle die Menschen so, als wären sie, was sie sein sollten, und du hilfst ihnen zu werden, was sie sein können.

GOETHE

Verliere nicht, was dir in deiner Kindheit war gegeben, die Fähigkeit im JETZT zu leben.

Das Schönste, was es in der Welt gibt, ist ein leuchtendes Gesicht.

Erfolg ist nicht abhängig davon, was du getan hast, sondern was du geworden bist.

Wenn du auf dem Wasser gehen willst, musst du aus dem Boot steigen.

Nur wer gegen den Strom schwimmt, kommt irgendwann zur Quelle.

Es ist nie zu spät, das Richtige zu tun.

Wie viele Freuden werden zertreten, weil die Menschen meist nur in die Höhe gucken und nicht beachten, was zu ihren Füßen liegt.

Freundschaft ist wie Wein: je älter, desto besser.

Ein Spruch ist die Weisheit eines ganzen Buches in einem einzigen Satz.

Das Leben ist wunderschön, man muss es nur durch die richtige Brille sehen.

Angeber sind Sprachriesen, hinter denen sich Denkzwerge verbergen.
WERNER MITSCH

Optimismus ist die Luftblase in unserem Leben, die uns vor dem Untergehen bewahrt.
P. EBELING

Jedem Anfang wohnt ein Zauber inne, der uns beschützt und der uns hilft zu leben.
H. Hesse

Es gibt keinen Schmerz der Welt, den der Himmel nicht heilen könnte.

Der Klügere gibt nach – nicht auf.

Ein freundliches Wort ist wie ein Bumerang – es kommt sofort zurück.

Das Gleiche lässt uns in Ruhe, aber der Widerspruch lässt uns produktiv werden.

Anstatt immer nur das Beste geben zu wollen, sollten wir lieber einmal etwas Gutes tun.
Wilder

Blumen und Liebe brauchen Pflege, sonst welken sie. Zögere nie, wenn es gilt, Gutes zu tun.

Gereizte Leute findet man überall – wo verstecken sich eigentlich die Reizenden?

Freue dich an den kleinen Dingen, denn eines Tages wirst du zurückblicken und feststellen, dass sie die großen waren.

Würden die Menschen öfter in sich gehen, wären sie nicht so oft außer sich.

Wende dein Gesicht der Sonne zu, dann fallen die Schatten hinter dich.

Wissen ist gut – Können ist besser.
E. Geibel

Reich ist man erst durch Dinge, die man nicht begehrt.
Mahatma Gandhi

Sich zu entschuldigen ist eine gute Art, das letzte Wort zu haben.

Um in der Liebe glücklich zu werden, brauchst du nicht unbedingt blind zu sein. Es reicht, wenn du von Zeit zu Zeit die Augen schließt.

Den Wind können wir nicht drehen, aber wir können die Segel richtig setzen.

Das Bäumchen biegt sich, der Baum nicht mehr.

Das Entscheidende am Wissen ist, es zu beherzigen und anzuwenden.

Wer wenig hat, ist arm, wer wenig braucht, ist reich.

Es sollte der Himmel auf Erden in unserem Bestreben
Wirklichkeit werden.
Renate Rohlf

Glücklich ist, wer vergisst, was doch nicht zu ändern
ist.

Froh zu sein bedarf es wenig und wer froh ist, ist ein
„König".

Wenn der Schüler bereit ist, taucht der Lehrer auf.

Denke daran, niemand ist zu klein für Gottes Liebe,
und kein Problem ist zu groß für Gottes Kraft.

Sei du selbst die Veränderung, die du dir wünschst
für diese Welt.
Mahatma Gandhi

Vorbei ist vorbei und nicht mehr so wichtig,
es zählt nur der Augenblick, nutze ihn richtig.
Renate Rohlf

Ein Genie ist ein Prozent Inspiration und 99 Prozent
Schweiß.

Das sind die Starken im Lande, die unter Tränen lachen, eigenes Leid verbergen und andere glücklich machen.

Der Wind der Unendlichkeit weht durch Herz, Körper und Seele und schenkt dir den Atem des Neubeginns.

Dein Urteil kann sich irren, nicht dein Herz.

Früh übt sich, wer ein Meister werden will.

Es kann die EHRE dieser Welt,
dir keine Ehre geben,
was dich in Wahrheit hebt und hält,
muss in dir selber leben.

Wer sich nicht selbst HELFEN will, dem kann niemand helfen.

Du sollst deinen NÄCHSTEN lieben wie dich selbst.

Der Schwache kann nicht verzeihen, VERZEIHEN ist eine Eigenschaft des Starken.

MAHATMA GANDHI

Wer alles weiß zu tragen, der darf auch etwas wagen.

Die großen Gedanken kommen aus dem Herzen.

Ehre kannst du nirgends borgen, dafür musst du selber sorgen.

Ehret die Menschen, die flechten und weben himmlische Rosen ins irdische Leben.

Die Uhr

Ich trage, wo ich gehe, stets eine Uhr bei mir,
wie viel es geschlagen habe, genau seh ich's an ihr.
Es ist ein großer Meister, der künftig ihr Werk gefügt,
wenngleich ihr Gang nicht immer dem törichten
Wunsche genügt.
Ich wollte, sie wäre schneller gegangen an manchem
Tag.
Und stünde sie einmal stille, dann wär's um sie geschehn,
kein anderer, als der sie fügte, bringt die zerstörte zum
Gehen,
dann müsste ich zum Meister wohl wandern, der
wohnt am Ende wohl weit,
wohl draußen jenseits der Erde, wohl dort in der
Ewigkeit.
Dann geb ich sie ihm zurücke mit dankbarem kindlichem Flehn
Sieh Herr, ich hab nichts verdorben, sie blieb von selber stehn.

Autorin

Renate Rohlf, die gebürtige Holsteinerin ist auf dem Lande aufgewachsen, hat in der Schweiz Kosmologie studiert, ist Emotionaltrainerin, Kosmologin, Reiki-Lehrerin, Autorin und führt eine ganzheitliche Beratungspraxis. In den letzten 30 Jahren wurden durch Vorträge, Seminare und in persönlicher Beratung Lösungsmöglichkeiten für Probleme wie Angst, Depressionen, Stress, Allergien, Süchte, Beziehungsfragen usw. und Aktivierung von Selbstheilungskräften angeboten.

Es geht um mehr Bewusstsein mit „Herzdenken" zu mehr Lebensfreude, Zufriedenheit und Menschlichkeit.

Beratungen und Seminare:
www.heilungszentrum-hannover.de